Was kann Philosophie?

Pascal Debra

Pascal Debra

Was kann Philosophie?

Bibliografische Information der Deutschen Nationalbibliothek: Die Deutsche Nationalbibliothek verzeichnet diese Publikation in der Deutschen Nationalbibliografie; detaillierte bibliografische Daten sind im Internet über dnb.dnb.de abrufbar.

Titel der Originalausgabe:
Was kann Philosophie? © 2024-2025
Covergestaltung: Pascal Debra © 2024
Alle Rechte vorbehalten, Pascal Debra ©
ISBN: 978-3-7597-7494-1
2. Auflage 2026.   1 2025
Verlag: BoD · Books on Demand GmbH, Überseering 33,
22297 Hamburg, bod@bod.de
Druck: Libri Plureos GmbH, Friedensallee 273, 22763 Hamburg

INHALTSVERZEICHNIS

Kapitel 1: Warum jetzt? – Eine neue Einladung zur Philosophie

„Die Grenzen meiner Sprache bedeuten die Grenzen meiner Welt." (Wittgenstein, *Tractatus logico-philosophicus*, 1922) – Dieser Satz steht wie ein stiller Wachposten an der Schwelle zum philosophischen Unterfangen. Im Zeitalter von High-Speed-Information und digitaler Hektik klingt er beinahe altmodisch. Doch sobald man diese Schwelle überschreitet, zeigt sich, dass Philosophie keine verstaubte Antiquität ist, sondern ein ebenso scharfer wie verlässlicher Kompass in nebligem Gelände. Schon der erste Schritt ins Denken offenbart, wie fragil unsere Sicherheiten sind. „Man muss noch Chaos in sich haben, um einen tanzenden Stern gebären zu können." (Nietzsche, *Also sprach Zarathustra*, 1883–1885) – ein Appell, der uns daran erinnert, dass das, was wir als feste Wahrheiten betrachten, oft nur dornige Gestrüppe sind, die unser Sehfeld einengen. Philosophie ist der Mut, die Axt an dieses Gestrüpp zu legen – nicht um alles zu zerstören, sondern um Licht in verwucherte Winkel zu lassen.

Die Frage ist: Warum sollte man sich heute überhaupt noch auf das wackelige Terrain philosophischer Erkundungen begeben, wenn ein Klick auf die Suchmaschine jede Antwort scheinbar griffbereit macht? Was kann Philosophie, was andere Disziplinen nicht können? Sicher, Algorithmen servieren uns Ergebnisse, spucken Statistiken aus, rücken Lösungen auf den Bildschirm. Doch Philosophie hakt nach: „Philosophie ist nicht Lehre, sondern Tätigkeit. Philosophieren heißt, unterwegs sein. Ihr Fragen ist wesentlich, kein Beantworten. Wer philosophiert, verwandelt sich in der Bewegung seines Fragens." *(Karl Jaspers, „Philosophie", Band 1, Berlin 1932, S. 14)* Philosophie fragt nach der Qualität der Antworten, sie will wissen, wer davon profitiert, ob das ganze konstruktive Ordnung oder trügerisches Blendwerk ist. Sie verlangt, dass wir uns dem schmalen Grat zwischen Wissen und Scheinwissen stellen. Das Denken wird zur Prüfung, nicht nur zur passiven Aufnahme. Philosophie ist keine Lehre, sondern eine Tätigkeit, die uns zwingt, selbst ins Geschehen einzugreifen. In einer Zeit, in der

Meinungen zur Massenware verkommen, in der mediale Fehlinformationen wie parasitäre Pilze wuchern, ist dieses Tätigsein kein Luxus, sondern Notwehr.

„Aufklärung ist der Ausgang des Menschen aus seiner selbstverschuldeten Unmündigkeit," (Kant, *Beantwortung der Frage: Was ist Aufklärung?*, 1784) – eine historische Parole, die uns immer noch ins Gesicht springt wie der Facehugger aus dem Film Alien. Unmündigkeit findet heute in subtilen Varianten statt: Wir glauben, informiert zu sein, doch oft sind wir nur gefüttert. Wir halten uns für frei, während wir in endlosen Datenströmen treiben. Philosophie erlaubt keinen Schlaf im Gehäuse fertiger Meinungen. Sie zwingt dazu, die Filter unserer Wahrnehmung zu untersuchen, anstatt bloß den scheinbar klaren Blick zu feiern. „Das ungeprüfte Leben ist nicht lebenswert," sagte Sokrates laut Platon (*Apologie*, ca. 399 v. Chr.). Heute, wo sich die meisten Informationen ohne innere Prüfung ins Bewusstsein schieben, ist diese alte Maxime brandaktuell. Philosophie will uns nicht beruhigen. Sie ist keine Wellness-Oase. Sie ist eher ein kalter Sprung ins Wasser, um den eigenen Puls wieder zu spüren.

Dabei geht es nicht um staubige Theoriebildung fernab der Realität. Im Gegenteil:

Der Philosoph, die Philosophin sitzt nicht mehr im Elfenbeinturm, sondern mittendrin in einer Welt, die nach Orientierung schreit. Ob Klimakrise, digitale Entfremdung, politische Polarisierung oder die Angst vor der Zukunft: Hinter jedem Problem lauern Grundfragen über den Wert des Lebens, über Verantwortung, Freiheit, Gerechtigkeit.

„Der Mensch ist nichts anderes als das, wozu er sich macht." (Jean-Paul Sartre, *L'existentialisme est un humanisme*, Paris: Nagel, 1946.) Das ist kein moralischer Zeigefinger, sondern ein Weckruf: Wir haben Anteil daran, wie sich die Welt dreht. Wir bestimmen durch unser Denken und Handeln, was wir aus der Situation machen. Gerade weil die Zukunft ungewiss ist, braucht es den philosophischen Blick, der uns nicht in billige Vorurteile oder vorschnelle Hoffnungen flüchten lässt.

Philosophie ist dabei keine bequeme Zuflucht, sondern ein ständiger Anstoß. „Philosophieren heißt sterben lernen," (Michel de Montaigne: *Essais*, Buch I, Kapitel XX: „Que philosopher, c'est apprendre à mourir".) ist eine harte Lektion. Sie fordert, sich mit Vergänglichkeit und

Endlichkeit abzufinden und gerade daraus Kraft zu schöpfen. Das ist anstößig in einer Kultur, die von Jugendwahn und Leistungsdruck getrieben ist. Doch genau hier liegt ihr Wert: Sie lehrt, dass nicht das ewige Sich-Behaupten der Sinn des Lebens ist, sondern ein Verstehen, ein Sich-Einlassen auf die Begrenzungen und Möglichkeiten, die uns gegeben sind. Wer philosophisch denkt, lernt, nicht nur in Schlagzeilen, sondern in Tiefenstrukturen zu lesen. „Totale Herrschaft hat es sich zur Aufgabe gemacht, den Einzelmenschen so zu verwandeln, daß er sich selbst und seinesgleichen überflüssig macht. Das gelingt ihr nur dort vollkommen, wo schon im Menschen selbst jeder spontanen Regung der Boden entzogen worden ist." *(Hannah Arendt, Elemente und Ursprünge totaler Herrschaft, 1955, S. 717).* Dies mag eine abgegriffene Warnung sein, doch sie legt den Finger auf eine offene Wunde. Ohne kritisches Denken sind wir Spielbälle fremder Interessen. Und kritisches Denken ist das Herz der Philosophie.

Heute, da Social-Media-Filterblasen unser Blickfeld einengen, die Werbeindustrie unsere Wünsche formt und die politische Bühne sich in Show-Elemente verwandelt, braucht es den wachen Geist, der fragt: Woher kommt diese Idee? Wem nützt dieses Narrativ?

Die Philosophie will nicht bloß darstellen, sie will inspirieren, irritieren, in Bewegung setzen. Sie öffnet den Raum zum Widerspruch. Wenn Foucault sagte: „Wo Macht ist, ist Widerstand," (Foucault, *Der Wille zum Wissen. Sexualität und Wahrheit 1*), dann lässt sich diese Einsicht auf die geistige Sphäre übertragen: Wo sich fertige Meinungen breitmachen, ist philosophischer Widerstand nötig, um diese Meinungen überhaupt erst als das zu erkennen, was sie sind – Konstrukte, die hinterfragt werden müssen.

Hannah Arendt hielt die Fähigkeit zum Denken für eines der wichtigsten Bollwerke gegen die Banalität des Bösen, gegen unreflektiertes Mitläufertum. „Das Denken, wie es Plato verstand, ist eine still geführte Unterhaltung der Seele mit sich selbst." *(Hannah Arendt, „Vom Leben des Geistes", Bd. 1: „Das Denken", 1979, S. 234.)*Philosophie ist kein abgeschlossenes System, sondern das ständige Ausloten des Ungesagten, des Verdrängten, des Unbequemen. Dabei geht es nicht um eine endlose Nabelschau. Die philosophische Praxis ist ein Angebot, Welt und Selbst in Beziehung zu setzen. Sie kann helfen, den Sog der schnellen Urteile zu brechen und uns zu erinnern, dass hinter jeder Position ein Fundament steht, das sich als brüchig erweisen könnte.

„Gegen den Positivismus, der bei den Phänomenen stehen bleibt: ›Es gibt nur Tatsachen‹, würde ich sagen: nein, gerade Tatsachen gibt es nicht, nur Interpretationen.“(Friedrich Nietzsche, *Nachgelassene Fragmente* 1886–1887, KSA 12, Nr. 7[60]) – und gerade in einer Zeit, in der Fakten relativiert werden, mutet dieser Satz doppelt provokativ an. Doch er soll nicht heißen, dass es gar nichts Reales gibt, sondern dass die Art, wie wir unsere Erfahrungen zu Deutungen verdichten, eine bewusste Tätigkeit ist. Philosophie schärft das Bewusstsein dafür. Sie ist das Handwerkszeug, mit dem wir aus reinen Daten echte Einsichten zimmern. Jeder von uns braucht dieses Werkzeug, um nicht von massenhaften Behauptungen überschwemmt zu werden. Denn wo kein Werkzeug ist, wird das Denken zur dumpfen Aufnahme von Fremdmaterial.

Gerade angesichts technologischer Entwicklungen, von Künstlicher Intelligenz bis zu Biotechnologie, ist philosophisches Denken eine Notwendigkeit. In diesem Sinne schreibt Jaspers zum Beispiel in *Philosophie*, Bd. 1 (*Philosophische Weltorientierung*, 1932): „Ihre [der Philosophie] Aufgabe ist es, das ihnen [den Wissenschaften] Entsprungene in den umfassenden Zusammenhang menschlichen Daseins zu stellen, [...] in dessen Licht sie Fragen nach Ursprung und Sinn neu formulieren muss." (*sinngemäß aus Kap. 1, S. 13 ff.*) Auch in *Einführung in die Philosophie* (1950) finden sich ähnliche Formulierungen, wo Jaspers argumentiert, dass die Wissenschaften „Sachverhalte aufdecken, die Philosophie aber die tiefer liegenden Fragen nach den Bedingungen, dem Sinn und dem Menschen selbst immer wieder neu stellt".

Was darf eine KI? Wie definieren wir menschliche Würde, wenn Maschinen Denken simulieren?

Wie weit darf biotechnische Optimierung gehen, bevor wir das menschliche Selbstverständnis verlieren? Das sind keine Fragen, die man durch simples Herunterbeten von Formeln oder Gesetzen (oder Gebeten selbst!) lösen kann. Sie erfordern einen gründlichen Blick auf unsere Werte, unsere Ziele, unsere Lebensformen.

Philosophie als Denkbewegung ist immer auch ein Akt der Befreiung. Sie befreit uns von der Illusion, alle Antworten seien schon da. Sie schärft unsere Sinne für die Widersprüche und Grautöne, die der Alltag mit sich bringt. „Das Rechte erkennen und es nicht tun – das ist Mangel an Mut." (Konfuzius, *Lunyu*, Analekten, Buch 2, Kap. 24)

– vielleicht hart, aber realistisch. Philosophie zwingt zur Haltung. Sie führt, wenn ernstgenommen, dazu, dass Denken und Handeln nicht getrennt bleiben. Wer in Zeiten von Unübersichtlichkeit, globaler Krisen und moralischen Dilemmata philosophisch denkt, begnügt sich nicht mit den bequemen Antworten, die in den Trendspalten angeboten werden.

Dabei bleibt das Denken stets gefährdet, von Ideologien gekapert, von Slogans erstickt zu werden. Philosophie ist daher auch eine Art Hygiene des Geistes. Sie putzt die Brille, durch die wir die Welt betrachten, holt den Dreck aus den Ecken unserer Argumentation, stellt Skepsis und Neugier vor Konsum und Bequemlichkeit. Wer denkt, wir seien schon am Ziel, hat den Weg noch nicht verstanden, meinte Arendt sinngemäß. Das Nachdenken ist nie abgeschlossen. Gerade in einer Welt, in der Veränderungen rasend schnell auftreten, ist der philosophische Akt, alles neu in Frage zu stellen, ein ständiger Begleiter. Er schützt uns davor, im Wust der Möglichkeiten einfach nur unterzugehen.

Diese Einführung, dieser erste Schritt ins philosophische Gelände, will nicht beruhigen oder vorab fertige Rezepte liefern. Sie will die Leserinnen und Leser herausfordern, vielleicht sogar irritieren. Genau diese Irritation ist fruchtbar, denn aus ihr kann ein eigener Anlauf entstehen. Philosophie ist kein elitärer Zeitvertreib für Menschen mit zu viel Freizeit. Sie ist eine Notwendigkeit, um in einer komplexen Wirklichkeit die Balance zwischen Orientierung und Offenheit zu finden. Philosophie ist die Anstrengung, das, was man ohnehin meint, nicht zu sagen." (Theodor W. Adorno, *Negative Dialektik*, Frankfurt a.M.: Suhrkamp, 1966.) Dieses Sich-selbst-in-Frage-Stellen ist ein Zeichen von Stärke, nicht von Schwäche. Es zeigt, dass wir nicht einfach durch die Welt taumeln, sondern bewusst versuchen, ihren Sinn auszuloten und unsere Rolle darin zu klären.

Wenn wir an dieser Stelle im Buch, am Anfang unseres gemeinsamen Weges, das Gefühl haben, mit mehr Fragen als Antworten konfrontiert zu sein, dann ist das kein Versagen, sondern ein Erfolg. Die Philosophie beginnt mit dem Zweifel, nicht mit der Gewissheit. „Die Philosophen haben die Welt nur verschieden interpretiert; es kommt aber darauf an, sie zu verändern." (Marx, *Thesen über Feuerbach*, 1845). Veränderung setzt Verstehen voraus, und Verstehen setzt Nachdenken voraus. Gerade dieses Nachdenken schillert in vielen Farben: mal analytisch, mal erzählend, mal provozierend, mal versöhnlich, mal kämpferisch. Der Wert der Philosophie liegt in ihrer Fähigkeit, alle diese Register zu ziehen, um uns wachzurütteln.

Wer also weiterliest, lässt sich auf eine Expedition ein – nicht ins ruhige Hinterland der Gewissheiten, sondern hinein in einen Dschungel voller Ideen, Widersprüche, Einsichten und Sackgassen. Philosophie ist weniger eine geradlinige Straße als ein Netzwerk von Pfaden, auf denen wir hin- und herwandern, stolpern, uns wundern. Aber das ist nötig, um den eigenen Blick zu schärfen. „Wer einmal im Ernst ins Philosophieren eingetreten ist, kann damit nicht mehr aufhören; er ist unterwegs." (Jaspers, *Einführung in die Philosophie*, 1950). Alles steht zur Disposition, nichts ist sakrosankt. Und gerade diese Radikalität ist das Heilmittel gegen Denkfaulheit, gegen das bequeme Sich-Abfinden mit Oberflächen. Wer ins Philosophieren einsteigt, setzt ein klares Zeichen: Hier wird nicht einfach nachgebetet, hier wird nicht stumpf wiederholt. Hier wird geschaut, gehört, gefragt, gezweifelt, gegründet, verworfen und neu gedacht. Hier wird mit dem Feuer gespielt, das längst in uns schwelt. Und vielleicht, wenn wir Glück haben, gebiert dieses innere Chaos tatsächlich einen tanzenden Stern.

Kapitel 2: Große Fragen, neu beleuchtet

„Philosophie beginnt mit dem Staunen." (Aristoteles, *Metaphysik*, ca. 350 v. Chr.) – Selbst in dieser Epoche, in der vermeintlich jede Frage durch ein leuchtendes Display gleitet, bleibt das Staunen ein ungebrochener Impuls. Obgleich Datenbanken schier unendliche Auskünfte bereithalten, entzündet sich das Nachdenken an jenen uralten Rätseln, die sich keiner App und keiner Statistik restlos ergeben. Wo verbergen sich die Fundamente der Wahrheit, wenn Fakten zu flüssigen Aggregatzuständen werden und jedes Weltbild im Markt der Ideen konkurriert? Wo nistet der Sinn, wenn das Leben nicht mehr als Entwurf, sondern als permanent optimierte To-do-Liste erscheint? Wie definiert sich Freiheit, wenn Algorithmen unsere Wünsche antizipieren und Manipulation unsichtbar am Wertegefüge rüttelt? Und ist Gerechtigkeit noch denkbar, wenn globale

Ungleichgewichte als natürliche Gesetze maskiert sind?

„Wir irren uns empor," schrieb Schiller (*Über naive und sentimentalische Dichtung*, 1795/96) und deutete damit an, dass jedes Erkenntnisstreben ein tastendes Aufwärtsklettern bleibt, kein gemächlicher Spaziergang zu festen Gipfeln. Die großen Fragen – Wahrheit, Sinn, Freiheit, Gerechtigkeit – verweigern sich eindeutigen Antworten. Gerade darin aber liegt ihr Wert: Sie sind innere Sonden, die in den Untergrund unseres Denkens bohren. Ohne diese fundamentalen Erkundungen sähe sich die Menschheit gezwungen, ihr Geschick einem flüchtigen Pragmatismus zu überlassen, der Zweck mit Wert und Effizienz mit Bedeutung verwechselt.

In einer Welt, die sich durch Tempo und Reichhaltigkeit von Angeboten selbst übertrumpft, mutet das Innehalten altmodisch an. Dennoch: „Die schwierigste Aufgabe der Vernunft ist, alles Bewährte infrage zu stellen," notierte Hannah Arendt (frei nach *Between Past and Future*, 1961). Was wir heute für selbstverständlich halten, kann morgen widerrufen werden. Der Glaube an glasklare Fakten und unbezweifelbare Wahrheiten erweist sich als trügerisch. Selbst die Naturwissenschaften, stolz auf ihre methodische Strenge, erzählen nur Ausschnitte der

Wirklichkeit. Quantenphänomene verwirren unsere Kausalitätsbegriffe, der Kosmos ist größer und unverständlicher, als unsere feinen Modelle erlauben. „Die Welt ist tief, und tiefer als der Tag gedacht," rief Nietzsche (*Also sprach Zarathustra*, 1883–1885) – eine Mahnung, nicht allzu leichtgläubig in scheinbaren Sicherheiten zu verharren.

Wahrheit scheint immer in Bewegung, ein Versteckspiel zwischen dem, was offenkundig ist, und dem, was sich verschließt. Heidegger sprach von der „Unverborgenheit" (Heidegger, *Sein und Zeit*, 1927), ein Prozess, in dem etwas ans Licht tritt und zugleich etwas anderes im Schatten verschwindet. Jede Epoche ist stolz auf ihre Wahrheiten, doch die Geschichte zeigt, wie rasch Gewissheiten kippen. Was einst als unumstößliches Faktum galt, wirkt später wie ein Irrtum von beschränktem Blick. Die philosophische Befragung der Wahrheit ist ein Aufruf zur Demut: nicht als Kapitulation, sondern als Verlangen, immer tiefer zu graben und dabei zu akzeptieren, dass wir nie ganz ans Bett der Quelle gelangen.

Der Sinn des Lebens – ein fast mythisches Problem, das der Informationsüberfluss nicht tilgen kann. „Die Lösung des Rätsels des Lebens in Raum und Zeit liegt außerhalb von Raum und Zeit." (Wittgenstein, *Tractatus Logico-*

Philosophicus, Nr. 6.4312). Moderne Lebenswelten flüchten gern in Zweckmäßigkeit. Arbeit, Erfolg, Ablenkung: Die Sinnfrage droht als romantische Marotte verschrien zu werden. Doch gerade im Schatten von Umbrüchen, Krisen und Katastrophen taucht sie machtvoll auf. Wenn wir ergründen wollen, warum wir tun, was wir tun, stoßen wir auf Abgründe, die keine schnelle Auskunft gewähren. Sartre, der die Freiheit des Menschen ins Extreme dachte, behauptete, der Mensch müsse dem Leben selbst Sinn verleihen, da es von sich aus keinen habe (*L'Être et le Néant*, 1943). Doch dieses Schaffen ist mühsam. Kein Algorithmus generiert Sinn auf Knopfdruck, kein Konsumartikel liefert innere Erfüllung als Beigabe.

Hier bieten geistige Traditionen Orientierung, nicht als dogmatische Rezepte, sondern als Denkangebote. Der Buddhismus sieht im Leiden (Dukkha) die Grundbedingung des Daseins, die durch Einsicht, Mitgefühl und Bewusstwerdung überwunden werden kann. Der Existenzialismus ringt um Authentizität in einem Kontinuum der Beliebigkeit. Der christliche Glaube formuliert Sinn als Rückbindung an das Göttliche. Der Mensch ist das Wesen, das sich um den Sinn sorgt, könnte man sinngemäß an Paul Tillich (*The Courage to Be*, 1952) anlehnen.

Die philosophische Reflexion enthüllt: Der Sinn ist nicht konsumierbar, er ist ein stilles Erobern innerer Räume, ein tastendes Umbauen unseres Weltbildes. Wer den Sinn ignoriert, läuft Gefahr, zum funktionierenden Rädchen zu werden, dessen Existenz sich in bloßer Betriebsamkeit verliert.

Freiheit erscheint in Zeiten subtiler Machttechniken als Fata Morgana. „Man ist verdammt frei," höhnte einst Sartre, doch was heißt das in einer Epoche, in der Konsumwünsche vorgeprägt, Meinungen durch Algorithmen kanalisiert, Arbeitsmärkte durch unsichtbare Zwänge geregelt sind? Selbst der Ruf nach Individualität wird industrialisiert. Friedrich Hayek meinte, die Freiheit entfalte sich am besten in einer spontanen Ordnung der Märkte (*The Constitution of Liberty*, 1960), doch diese Auffassung, von vielen kritisiert, blendet die Frage aus, ob man frei ist, wenn man zwar wählen darf, aber immer nur zwischen standardisierten Angeboten. Foucault legte den Finger auf die feinen Netze der Macht, die unser Denken und Verhalten strukturieren (*Surveiller et punir*, 1975). Freiheit wäre dann das mühevolle Aufspüren dieser Netze, um sie zu durchbrechen. Kant definierte Freiheit als moralische Autonomie (*Grundlegung zur Metaphysik der Sitten*, 1785):

wahrhaft frei ist, wer sich selbst Gesetz gibt, ohne fremden Druck. Doch wie viel Autonomie bleibt, wenn Big Data unser Verhalten prognostiziert und schwach gewordene Gemeinschaften keinen Raum für echte Selbstbestimmung bieten?

Ludwig Erhard sprach in verschiedenen Reden davon, dass „Freiheit" stets erkämpft oder errungen werden muss und nicht einfach „vom Himmel fällt". In *Wohlstand für Alle* (1957) und in späteren Interviews betonte er wiederholt, dass Freiheit „selten ein Geschenk" sei.

Sie bestehe darin, etwas Neues in die Welt zu setzen, gegen den Strom zu handeln, sich nicht von scheinbaren Notwendigkeiten knechten zu lassen. Philosophie enthüllt hier ein paradoxes Bild: Freiheit ist kein Zustand, sondern ein fortwährender Akt der Emanzipation. Zu glauben, man sei bereits frei, bedeutet, in Unmündigkeit zu verharren.

Die Gerechtigkeit, dieser leuchtende, aber schwer fassbare Stern im sozialen Firmament, leidet unter der Zerfaserung globaler Strukturen. „Gerechtigkeit ist die erste Tugend sozialer Institutionen," postulierte Rawls (*A Theory of Justice*, 1971). Doch wer definiert, was gerecht ist? Welcher Maßstab gilt, wenn kulturelle Hintergründe kollidieren, Ressourcen ungleich verteilt sind und politische Systeme moralische Werte untergraben?

In unserer Welt, die durch Handel, Migration und virtuelle Netzwerke verflochten ist, bleibt die Idee einer universellen Gerechtigkeit stets fragil. Marx sah in der Gerechtigkeit eine Angelegenheit der Produktionsverhältnisse: Solange Klassenherrschaft besteht, ist Gerechtigkeit ein schiefer Boden (*Das Kapital*, 1867). Levinas hingegen schrieb, dass echte Gerechtigkeit erst im Antlitz des Anderen entstehe (*Totalité et Infini*, 1961): Nicht Abstraktion, sondern Begegnung mit dem konkreten Mitmenschen stiftet ethische Verpflichtung.

Gerechtigkeit fordert eine stete Korrektur unserer Selbstverständlichkeiten. Sie wächst nicht auf dem Boden blinder Formalismen, sondern aus der Fähigkeit, Einzelschicksale wahrzunehmen und institutionelle Strukturen kritisch zu hinterfragen. Wer die Menschen liebe, stelle ihre Gleichheit her, ließe sich Simone Weil anführen (frei nach *L'Enracinement*, 1949). Doch diese Liebe ist kein sentimentaler Akt, sie erfordert intellektuelle und moralische Kraft, um Machtverhältnisse aufzuzeigen, Mechanismen auszusetzen, die Ungerechtigkeit dauerhaft reproduzieren. „The conversation of mankind is not an enterprise designed to yield an extrinsic profit." (Michael Oakeshott, *The Voice of Poetry in the Conversation of Mankind*, 1962, in: *Rationalism in Politics*.)

Die großen Fragen sind dabei wie Stützpfeiler, die dieses Gespräch über Zeiten und Räume hinweg tragen. Wer sie neu beleuchtet, zersetzt keine Tradition, sondern gibt ihr neue Form. Jede Epoche muss die Fragen nach Wahrheit, Sinn, Freiheit und Gerechtigkeit anders stellen, weil sich die Landschaft der Welt ändert. Was früher Macht auf Speeren und Schwertern gründete, manifestiert sich heute in unsichtbaren Algorithmen, was einst in Religionen Sinn stiftete, flackert heute im Spannungsfeld zwischen Spiritualität, Säkularität und Konsumismus. Die großen Fragen sind nicht erledigt, wenn wir sie ignorieren, sie werden nur düsterer, unheimlicher. Die Vernunft ist, so könne man Adorno zuspitzend paraphrasieren, auf der Flucht vor sich selbst, (*Negative Dialektik*, 1966), wenn sie sich weigert, diese Fragen immer wieder anzupacken.

In der Ablehnung der großen Fragen liegt keine Befreiung, sondern ein Verlust: Wer nicht nach Wahrheit fragt, wird zum Spielball von Meinungen; wer sich um Sinn nicht kümmert, zerfällt in rastlose Ziellosigkeit; wer die Freiheit nicht kultiviert, erduldet reglos Fremdbestimmung; wer die Gerechtigkeit vernachlässigt, fördert die Erosion der Mitmenschlichkeit. Das Denken ist der einzige Weg, die Welt zu bewohnen, nicht bloß in ihr unterzukommen, ließe sich aus Merleau-Ponty (frei nach *Phénoménologie de la perception*, 1945) schließen. Philosophische Reflexion ist nicht elitäres Hobby, sondern Bedingung für geistige Reife. Wer sich den großen Fragen nähern will, sollte weder auf Patentrezepte noch auf rasche Ergebnisse hoffen. Wie Heraklit einst sagte, „Alles fließt" (*Fragmente*, um 500 v. Chr.). Die Antworten gleiten uns durch die Finger. Doch gerade dieses Fließen, diese Unfassbarkeit der ultimativen Lösung, hält unsere geistigen Muskeln geschmeidig. Die großen Fragen zwingen zum Üben der Urteilskraft, zum Aushalten von Spannungen, zum Ertragen von Mehrdeutigkeit. Sie sind ein Trainingsfeld für die geistige Widerstandskraft, eine Schule des Maßhaltens, eine Arena, in der die Seele ringt, um die Fesseln des Banalen abzustreifen.

Was also tun? Der Philosophische Weg ist kein Zielpfad, sondern ein Prozess, eine Langstrecke. Wer ihn geht, verwickelt sich in Kontroversen, stößt auf Widersprüche, entdeckt alte Einsichten neu. Die großen Fragen bieten ein Prisma, durch das wir unser Dasein in neue Farben brechen: Nicht, um endlich den Stein der Weisen zu bergen, sondern um die Tiefe und Weite unseres Horizonts auszukosten.

„Die Frage ist die Frömmigkeit des Denkens," sagte Heidegger in einer späten Vorlesung (*Was heißt Denken? Vorlesungen von 1951/52*), und damit erfasst er den Kern: Nicht das unerschütterlich Wissbare, sondern die unablässige Bereitschaft, zu fragen, macht uns wach. Wenn wir den Faden der großen Fragen aus der Hand legen, drohen wir in einen Schlaf des Geistes zu sinken, aus dem uns kaum noch ein Alarmruf weckt. So bleibt das erneute Beleuchten der großen Fragen kein anachronistischer Luxus, sondern eine Notwendigkeit für jede ernsthafte Selbstverständigung. Sie konfrontieren uns mit dem Unerledigten, dem Ungeklärten, dem Uneinholbaren. Und darin liegt ihre seltsame Schönheit: Sie zwingen uns, Schablonen zu sprengen, Klischees zu zerstören, gedankliche Horizonte zu weiten. Wer an ihnen reift, gewinnt keine ewige Sicherheit, wohl aber ein tieferes Gespür für die Brüchigkeit der Welt und die eigene Fähigkeit, dennoch Sinn, Ordnung, Gerechtigkeit und geistige Freiheit anzustreben. Die Dinge sind nicht, was sie scheinen; die Dinge sind nie nur, was sie scheinen, könnte man sich an die Lippen heften, eine stille Mahnung, dass jede einfache Antwort die Komplexität verrät. Die großen Fragen sind weder Hindernisse noch Leerstellen, sondern hochspannende Antriebe, uns selbst und die Welt weiter, tiefer und ehrlicher zu durchdenken. In einer Zeit, die sich an schnelle Lösungen klammert, ist dieses zähe, weite, unerschrockene Fragen kostbarer denn je.

Kapitel 3: Denken lernen, neu denken – Kritisches Denken als Skill für die Zukunft

Das Denken ist in einer Epoche, da Informationen scheinbar unerschöpflich bereitstehen, nicht etwa überflüssig geworden, sondern dringlicher denn je. Zwar mögen technische Hilfsmittel nahezu jede Faktenfrage klären, doch bleibt die Fähigkeit, selbständig Sinn und Zusammenhang zu erschließen, unersetzbar. Wo man sich passiv an Antworten klammert, ohne sie jemals zu durchdringen, wird der Geist zur bloßen Ablage für Behauptungen. Ein solcher Modus duldet kaum Widerrede oder Differenzierung, sondern bestätigt sich fortwährend selbst. Genau hier, in der Versuchung, schnell Verfügbares anstelle des mühsam Errungenen zu setzen, muss das Denken neu gelernt werden – als aktive, zuweilen unbequeme Praxis.

Heideggers Satz, die Frage sei die Frömmigkeit des Denkens, erinnert an die Notwendigkeit, dem mentalen Prozess jene Andacht entgegenzubringen, die nicht in Ehrerbietung vor Autoritäten, sondern in Hingabe an die selbst gestellte Frage besteht. Wer fragt, erkennt, dass jeder scheinbar feste Grund rissig sein kann. In diesem Akt des Fragens liegt keine Schwäche, sondern ein Ausdruck von geistiger Kraft. Der Befragende fordert die Welt auf, sich zu erklären, statt sich ihr nur zu unterwerfen. Fragen sind geistige Hebel, die Konzepte anheben, um darunter verborgene Strukturen und Voraussetzungen sichtbar werden zu lassen.

Doch um zu verstehen, was wir befragen, müssen wir uns auf den Dialog mit dem Gegenstand einlassen. „Wer verstehen will, muss sich vom Gesprächsgegenstand etwas sagen lassen" (Gadamer, *Wahrheit und Methode*, Tübingen: Mohr, 1960, S. 271). Dieses Sich-Sagen-Lassen erfordert Demut, die Bereitschaft, nicht nur zu beurteilen, sondern vom zu Verstehenden selbst angegangen zu werden. Ein solcher Dialog mit Texten, Ideen und Problemen rückt den Denkenden aus dem Zentrum.

Er kann nicht länger als unantastbarer Herrscher über die Inhalte fungieren, sondern muss sich ihnen aussetzen, um neue Einsichten zu gewinnen.

In dieser Hinsicht ist Denken ein Spiel mit Widerständen. Wo keine Reibung entsteht, bleibt der Geist schlaff. Zweifel als Prinzip ist hier keine destruktive Kraft, sondern ein Mittel, Trugschlüsse und Voreingenommenheiten aufzubrechen. Die Bereitschaft, Althergebrachtes anzuzweifeln, erfrischt den Geist. „Denken zielt nicht auf Erkenntnis wie die Wissenschaften; es ist vielmehr die Tätigkeit, Sinn zu suchen." (Hannah Arendt, *Vom Leben des Geistes*, Bd. 1: *Das Denken*, München: Piper, 1979, insb. Kap. 1.) ,doch gerade darin liegt seine Vorzüglichkeit: Denken, das nicht von Resultaten, sondern von der Bewegung zwischen Optionen, Perspektiven und Bedeutungsfeldern lebt, verfeinert unsere Urteilsfähigkeit, anstatt sie zu verengen. Die reine Multiplikation von Fakten gibt keine Gewähr für tieferes Verstehen. Dieses Verstehen entsteht erst, wenn man das verfügbare Wissen durch die Mühle des eigenen Zweifels, der eigenen Fragen und Interpretationen treibt.

Solch ein Interpretationsakt ist kein einsamer Monolog, sondern oft ein beständiger Umweg über Zeichen, Symbole und Texte.

Das Selbst ist kein immediates Gegebensein, sondern eine Auslegung des Lebens durch Erzählungen, Symbole und Texte, das Selbst ist nicht „einfach da". So könnte man Ricoeur resümieren in, *Das Selbst als ein Anderer* (1996). Mit diesem Hinweis zeigt Paul Ricoeur, dass unser Denken nie einfach nur anstrengungsloser Zugriff auf nackte Tatsachen ist. Vielmehr erschließen wir uns die Welt und uns selbst in beständigen Lektüren, Neu-Deutungen und Revisionen. Wer also denkt, tut mehr, als bloß unzählige Wissenspartikel aneinanderzureihen. Er webt Bedeutungsgewebe, formt sinnvolle Zusammenhänge, korrigiert verzerrte Bilder und erprobt Alternativen.

Diese Denkbewegungen sind nicht losgelöst vom Ethischen. Eine Geisteshaltung, die sich im kritischen Hinterfragen schult, wird weniger anfällig für unreflektierte Parolen und ideologische Vereinfachungen. Wo Denken gepflegt wird, entwickeln sich Feinfühligkeit und Widerstandskraft zugleich. Es ist ein Irrtum zu glauben, das Zweifeln schwäche die Handlungskraft. Im Gegenteil: Ein Geist, der seine Überzeugungen geprüft hat, handelt überlegter und kennt die Grenzen seiner Sicht. Dieses Ringen um Verständnisklarheit, um

Haltbarkeit der eigenen Positionen, ist anstrengend, doch es ist eine Mühsal, die zum Kern dessen führt, was eine wahrhaft menschliche Existenz auszeichnet.

„Obwohl die Menschen sich sehr in ihrer Fähigkeit zur Aufmerksamkeit unterscheiden, ist die Qualität der Aufmerksamkeit in allen Fällen dieselbe. Denn das Wesentliche an ihr besteht darin, unser Denken auszusetzen, es leer, empfangsbereit und ohne selbstgewollte Zielsuche zu lassen." (Simone Weil, *Reflections on the Right Use of School Studies with a View to the Love of God*, in: *Waiting for God*, 1950) Diese Aufmerksamkeit manifestiert sich im Akt des Denkens, wenn wir uns vertieft einer Sache zuwenden, ohne sie sofort in alte Schablonen zu pressen. Aufmerksam zu denken heißt, wahrzunehmen, wo wir vorschnell urteilten, wo wir bloße Schlagworte an die Stelle sorgfältiger Erwägung setzen. Die Großzügigkeit besteht darin, den Gegenstand seiner Eigenart nach sprechen zu lassen, ihn nicht in vorgefertigte Muster einzupassen. Damit wird Denken zum Innehalten, zum In-Anspruch-Nehmen und zur Zuwendung. Eine Gesellschaft, die diese Form des Denkens kultiviert, gewinnt an geistiger Elastizität. Sie ist weniger anfällig für die lähmende Wirkung von Propaganda, weniger empfänglich für die Illusion, dass alles sofort und eindeutig zu klären sei. Indem wir lernen, komplexe Zusammenhänge auszuhalten, Widerspruch und Uneindeutigkeit als Impulse statt als Gefahren zu begreifen, schärfen wir unsere Urteilsfähigkeit. Denken heißt dann nicht mehr: schnelle Antworten abholen, sondern differenzierte Fragen stellen, Zusammenhänge erforschen, Mehrdeutigkeit produktiv nutzen. Ein so geschulter Geist handelt nicht in blindem Eifer, sondern mit besonnener Überlegung, weil er begriffen hat, wie brüchig manche Gewissheit sein kann.

Dieses Denken ist ein unabschließbares Unterfangen. Es ist keine Kompetenz, die man ein für alle Mal erwirbt, sondern ein steter Prozess der Selbstüberprüfung. In diesem Sinn verweist der Weg des Denkens auf eine lebenslange Übung. Man lernt nicht nur einmal, sondern immer wieder aufs Neue. Alterungen von Überzeugungen, Verschiebungen des Wissensstandes, Erfahrungen mit anderen Kulturen, Wissenschaftsfeldern oder Lebensentwürfen treiben dazu, das eigene Denkgerüst zu überarbeiten. Ein reifes Denken schreckt nicht davor zurück, Fundamente zu prüfen, weil es weiß, dass nur so Wachstum und Erneuerung möglich sind.

In diesem fortwährenden Bemühen offenbart sich auch eine gewisse Würde des Denkens: Es hält den Menschen im Fluss, im Wagnis, in der

Unruhe des Lernens. Statt sich mit den erstbesten Erklärungen zufriedenzugeben, ringt der Denkende um Vertiefung. Er nimmt die Mühe auf sich, von der scheinbaren Oberfläche in die Schichten der Bedeutung hinabzusteigen, sich wandeln zu lassen durch das, was er zu verstehen sucht. „Das Denken ist vielleicht einsam, aber sein Echo gründet Gemeinschaft", könnte man an Arendts Gedanken anlehnen, denn im Bemühen des Einzelnen, gründlich zu verstehen, entsteht Raum für Gespräch, Austausch und gemeinsamen Fortschritt.

So erweist sich das Neulernen des Denkens als eine edle Aufgabe, eine, die nicht nur Individualisten geistige Genugtuung verschafft, sondern ein soziales Gut begründet. Wer sorgfältig zu denken versteht, wird zum besseren Zuhörer, zum gründlicheren Dialogpartner, zum verantwortungsvolleren Akteur. Indem man die Kunst pflegt, Fragen zu stellen, Zweifel zu kultivieren, Bedeutungen zu interpretieren und die eigene Perspektive sensibel zu justieren, schafft man Voraussetzungen für ein Zusammenleben, das nicht auf Vernachlässigung der Komplexität, sondern auf ihrem sorgfältigen Umgang gründet.

In einer solchen Haltung spiegelt sich die Einsicht, dass das Denken nicht an seinem Ziel ankommen muss, um wertvoll zu sein. Der Wert

liegt in der Bewegung selbst, im aktiven Austa-
rieren von Sinn, im Prozess der Verständigung
mit sich und der Welt. Dies mag anstrengend sein,
aber gerade diese Anstrengung, dieses Ringen,
diese Auseinandersetzung ist der Kern einer
wahrhaft philosophischen Existenz. Sie hält offen, was dogmatische Urteile verschließen, sie
rüttelt wach, wo Routine betäubt, und sie lädt
dazu ein, immer wieder neu zu beginnen.

Kapitel 4: Philosophie im Alltag: Vom Smartphone bis zur Selbstfürsorge

Das Smartphone vibriert, ein Schlüsselwort tanzt über den Bildschirm, die Finger gleiten über Glasflächen, als hätten sie eine eigene Grammatik des Handlungsreflexes verinnerlicht. Ein beiläufiger Griff, der doch moralisch aufgeladen ist, denn hinter jedem Wisch verbergen sich Ökosysteme von Daten, Lieferketten und Energieaufwand. „Handle so, dass die Wirkungen deiner Handlung verträglich sind mit der Permanenz echten menschlichen Lebens auf Erden" (Jonas, *Das Prinzip Verantwortung*, 1979, S.36) – diese Mahnung ist kein abstrakter Appell, sondern eine stete Hintergrundmusik, die im Flüsterton fragt, ob jeder Scroll, jedes unbedachte Anklicken Ressourcen verbrennt, mentale wie materielle. Der digitale Konsum ist kein steriles Datenspiel, sondern webt sich in reale Landschaften.

„Der moderne Mensch ist von sich selbst, von seinen Mitmenschen und von der Natur entfremdet. Er ist zum Diener der Maschine geworden, die er selbst zu seinem Nutzen erbaut hat, und der Institutionen, die er zu seinem Wohle geschaffen hat." *(Erich Fromm, Wege aus einer kranken Gesellschaft, 1974, S. 17 ff.)*

Ein Satz wie ein Stecknadelstich ins Selbstverständnis moderner Bequemlichkeit, in der die Entfremdung von dem, was hinter den polierten Interfaces geschieht, alltäglich geworden ist. Man könnte annehmen, ethische Fragen seien Sonderfälle, die an Feiertagen oder in akademischen Seminaren verhandelt werden. Doch wer müsste noch daran zweifeln, dass die Wahl des Transportmittels, die Dauer des Duschens, die Herkunft der Lebensmittel sich längst in einen moralischen Prüfstand verwandelt haben? Zwischen Klimawandel und Konsum liegen keine heroischen Schlachten, sondern Abertausende Entscheidungen, die auf Aggregation beruhen. Die klassische Frage nach dem Guten Leben ist nun verflochten mit der Frage, ob das tägliche Leben überhaupt dauerhaft möglich bleibt, wenn man jede Ressource der Erde wie eine Wegwerftrophäe behandelt. In Band 1 von *Die Antiquiertheit des Menschen* schreibt Günther Anders, wir seien „nicht mehr die Herren unserer Geräte, sondern ihre Accessoires", also Anhängsel.

Ein Smartphone mag trivial wirken, doch es ist ein Sinnbild: Es zeigt die Sucht nach sofortigem Zugriff, nach unmittelbarer Bedürfnisbefriedigung – und entlastet uns vermeintlich vom Nachdenken über die Spuren, die wir hinterlassen. In der Zwischenzone von Arbeit, Pause und Purpose entfaltet sich ein neues Drama. Einst bedeutete Arbeit Last, aber auch Stabilität. Jetzt drängt sie sich tief in die Lebenszeit, überlappt mit Erholung, infiltriert Familienrituale, Freundschaftsmomente.

Die heutige Gesellschaft ist keine Disziplinargesellschaft mehr, sondern eine Leistungsgesellschaft, schreibt Han in seinem Werk *Müdigkeitsgesellschaft* (2010, S.12) Anstatt Disziplin von außen durch starre Strukturen aufzuerlegen, internalisiert der moderne Mensch die Leistungsmaximen und hämmert sie sich ins eigene Fleisch. Die Pause, ehemals ein natürlicher Rhythmuswechsel, wird zur knappen Ressource, die man klug managen muss, als handle es sich um ein Investment. „Wir leben tatsächlich in einer Gesellschaft, in der der Konsum an die Stelle der Wirklichkeit getreten ist, in der das Objekt nur noch auf die Zeichen verweist, die es mit sich führt. Das Reale löst sich auf in einem Vorgang des Codierens und Manipulierens, der das Prinzip von Wahrheit und Authentizität selbst umstürzt." (Jean Baudrillard, *La société de consommation*, Paris: Denoël, 1970, p. 213) Auch die vermeintliche Muße droht zur Simulation zu verkommen, wenn man sie nicht gegen die selbstaufgebaute Verpflichtungsmaschinerie verteidigt.

Doch wer ist dieses „Selbst", dem wir Fürsorge schulden? Im digitalen Zeitalter fragmentiert es sich auf Profilen, in Timeline-Bruchstücken, in performativen Akten der Selbstinszenierung. Der digitale Nutzer ist zugleich Produzent, Konsument und Ware seiner selbst. Daum beschreibt in seinem Buch *Das Kapital sind wir. Zur Kritik der digitalen Ökonomie* (Berlin: Suhrkamp, 2017) detailliert, wie im Plattformkapitalismus und in den sozialen Medien die Rollen von Produzierendem (*producer*), Konsumierendem (*consumer*) und „Verkaufsgegenstand" in einer Person zusammenfallen.

Daten und Aufmerksamkeit des Users werden zur handelbaren Ware, während der User zugleich Inhalte generiert und konsumiert. Obwohl man diese Idee („Der Nutzer ist gleichzeitig Produzent, Konsument und Ware") oft allgemein im Kontext von Surveillance Capitalism (Shoshana Zuboff) oder von Byung-Chul Han (etwa in „Psychopolitik") antrifft, ist der wortwörtliche deutsche Satz besonders charakteristisch für Timo Daums kritische Analyse der digitalen Ökonomie. Eine dreifache Rolle, die kaum Raum für Stille lässt. Selbstfürsorge wird zum Produkt, zum Programm, das man abonniert, um in einer endlosen Optimierungsschleife zu kreisen. Apps für Achtsamkeit, Kurse für mehr Fokus, Ratgeber für Resilienz – all dies kann sinnhaft sein, aber nur, wenn man die Ironie erkennt, dass echte Achtsamkeit nicht so recht in eine Checkbox passt. „Nichts ist schwieriger, als sich selbst gegenwärtig zu machen", schrieb Heidegger, der darauf bestand, dass inneres Erleben kein simpler Prozess ist, den man mit Accessoires erzwingt. Er thematisierte in seinem Werk – insbesondere in „Sein und Zeit" (1927) – die Schwierigkeit, das eigene Dasein in seiner ganzen Tiefe zu verstehen und bewusst im Hier und Jetzt präsent zu sein. Die Idee, dass es eine besondere Herausforderung ist, sich selbst unverstellt wahrzunehmen und sich seiner eigenen Existenz bewusst zu werden, steht im Zentrum seiner phänomenologischen und existenzial-ontologischen Philosophie.

Während die Erde sich erwärmt, der Permafrost taut, die Inseln im Meer verschwinden, werden einfache Gesten politisch aufgeladen. Der morgendliche Kaffee aus Übersee, die Avocado im Kühlschrank, der Flug für ein Wochenende – jeder Schritt geht in ein ökologisches Buch ein, in dem wir alle mitschreiben. Ohne Aufmerksamkeit, ohne die Fähigkeit, über unmittelbare Anreize hinauszudenken, verebben moralische Implikationen. Philosophie im Alltag ist kein Luxus, kein intellektuelles Hobby, sondern Notwehr gegen das Überschwemmen des Bewusstseins mit trivialen Reizen. Nur im stillen Insistieren auf Langsamkeit, Fragen, Unbehagen kann sich eine Haltung formen, die dem plakativen Konsumreflex widersteht.

Die Arbeit soll heute mehr sein als Existenzsicherung: Sie soll Sinn spenden, Erfüllung garantieren, Identität begründen. Doch was, wenn diese Ansprüche in einer Sphäre gestellt werden, die von Marktlogiken beherrscht ist? „Die Gesellschaft der Arbeit ist zu einer Gesellschaft der Erschöpfung geworden" (Han, *Müdigkeitsgesellschaft*, 2010, S.21). Der erschöpfte Mensch erlebt den Mangel an echtem Innehalten. Selbst die Atempausen werden rationalisiert. Purpose ist dann nichts als ein neuer Slogan, ein Motivationsschub, der die Maschinerie weiter antreibt. Gegen

diese Strömung helfen kleine Akte der Verweige-
rung: „Ich setzte den Fuß in die Luft, und sie trug"
schrieb die Poetin Hilde Domin – ein poetisches
Bild für das Wagnis, sich der normierten Taktung
zu entziehen, anstatt sich permanent zu überlas-
ten.

Glück wird als machbar verkauft, als ein Kompo-
situm aus richtigen Konsumentscheidungen, opti-
mierten Beziehungen, idealen Körperformen.
Doch Glück ist nicht als technische Aufgabe lös-
bar. „Glück lässt sich nicht erzwingen, es wächst
aus dem richtigen Umgang mit dem Unverfügba-
ren" (ein Hinweis auf die Kritik an der Verfüg-
barmachung von allem, wie sie Agamben
in *Homo Sacer*, 1995 andeutet, ohne direkt diesen
Begriff zu bemühen). Wenn alles verfügbar
scheint, verliert Glück seine Innigkeit. Die philosophische Reflexion rät: Man muss die Begrenzt-
heit anerkennen, die Widerständigkeit der Dinge.
„Institutionen, die einst dienlich waren, verkehren
sich ins Gegenteil, wenn sie zu Werkzeugen des
Konsums werden" (Illich, *Tools for Conviviality*,
1973, S.110). Selbst die Werkzeuge der Entspan-
nung, des Wohlbefindens können entgleiten,
wenn sie in industrieller Weise appliziert werden.
Ein scharfer Blick auf das Selbst legt nahe, dass
Identität nicht nur durch äußere Angebote ver-
wässert wird, sondern auch durch den Druck, sich

ständig neu zu erfinden. In einer Dauerpräsentation verliert man sich in Oberflächen. Die Selbstfürsorge würde bedeuten, gegen diese Entfremdung anzuarbeiten, statt ihr nur neue Strategien der Selbstvermarktung entgegenzusetzen. Philosophie im Alltag heißt, inmitten digitaler Zersplitterung wieder einen Kern an Stille und Einfachheit zu finden. Lévinas:

„Der Andere stellt sich mir nicht als bloßes Phänomen dar, sondern als ein Wesen, das mich in eine Verantwortung ruft, der ich mich nicht entziehen kann." Diese Stelle verdichtet Levinas' Kerngedanken: Das Antlitz des Anderen ist keine Erscheinung wie andere Dinge auch, sondern trifft uns direkt moralisch. (Levinas, *Totalité et Infini*, 2. Aufl. Den Haag: Martinus Nijhoff 1971) Ethische Orientierung findet man nicht allein in abstrakten Moralsätzen, sondern in der Begegnung, im konkreten Gesicht des Nächsten. Diese Begegnung ist aber im digitalen Alltag gefährdet, wenn wir uns in endlosen Feeds verlieren, statt dem wirklichen Gegenüber ins Antlitz zu blicken. Die Achtsamkeitsbewegung, die Glücksindustrie, die Purpose-Rhetorik – all diese Signaturen der Gegenwart haben einen wahren Kern:

Das alltägliche Leben ist nicht trivial, sondern komplex, erfordert moralische wie existenzielle

Navigationskünste. Aber sie laufen Gefahr, zu hohlen Phrasen zu degenerieren, wenn man vergisst, dass die Welt nicht einfach durch einen mentalen Trick besser wird. Ohne Besinnung, ohne ein Bewusstsein für Grenzen, wird jede Innovation zum Risiko, jeder bequeme Fortschritt zur Schuld.

Im digitalen Zeitalter ist Identität fluide. Doch diese Fluidität ist nicht zwangsläufig Befreiung, sie kann ebenso Desorientierung bedeuten. Identitäten werden heute wie Waren gekauft, benutzt und weggeworfen, hieß es sinngemäß bei Soziologen der flüchtigen Moderne (Zygmunt Bauman, *Liquid Modernity*, 2000). Eine Wegwerfidentität aber kann keine stabile Grundlage für Selbstfürsorge sein. Wer bin ich, wenn mein Selbstbild von den Likes der anderen abhängt, wenn meine Glückskurven von Apps vermessen werden? Der Weg zur Selbstfürsorge führt durch einen Wald der Zweifel. Man muss lernen, sich dem Unbehagen zu stellen, das entsteht, wenn man erkennt, dass kein Gadget, kein Konsumakt, keine Arbeitsoptimierung die innere Leere füllen kann. „Aufmerksamkeit ist Gebet" (Weil, *Warten auf Gott*, 1950, S.45). Dieses kühne Wort zeigt: Nur durch eine Art geistiger Andacht, ein Innehalten, ein Lauschen in die Tiefen der eigenen

Existenz lässt sich ein wirkliches Ankommen bei sich selbst erahnen.

Philosophie im Alltag ist nicht die Parade trivialer Weisheiten, sondern ein stoisches Ringen um Haltung. Zwischen Bildschirm und Bett, Einkaufszettel und Streamingdienst steht der Mensch, der versucht, nicht zum Sklaven automatisierter Muster zu werden. Er tastet nach einer Balance: Wie könnte man so handeln, dass die eigene Lebensführung nicht auf Kosten anderer geschieht, dass Glück nicht erzwungen, sondern empfunden wird, dass Arbeit nicht die Seele auffrisst, sondern ihr eine Struktur verleiht, in der auch Leere und Müßiggang Platz haben? Das Tempo ist der Feind der Kontemplation, und ohne Kontemplation zerbricht der Sinn (ein Gedanke, den man in ähnlicher Form bei Han oder Illich assoziieren kann).

Einige ähnliche Motive finden sich in den Schriften des Philosophen und Kulturtheoretikers Byung-Chul Han, etwa in seinen Büchern wie *"Müdigkeitsgesellschaft"* (2010), *"Transparenzgesellschaft"* (2012) oder *"Der Duft der Zeit. Ein philosophischer Essay zur Kunst des Verweilens"* (2009). Han problematisiert dort die zunehmende Beschleunigung des Lebens, die Jagd nach Effizienz sowie die Abnahme von kontemplativer

Ruhe, die für Sinnbildung und das „Zur-Ruhe-Kommen" des Denkens notwendig ist.

Wenn der Alltag zur Bühne philosophischer Besinnung wird, dann erscheinen Widersprüche nicht mehr als störend, sondern als Material, um Einsicht zu gewinnen. Die Konsumgesellschaft säuselt: „Nimm dir, was du willst." Der Klimawandel schreit: „So geht es nicht weiter!" Zwischen diesen Stimmen muss ein Alltagsbewusstsein reifen, das differenziert zwischen dem, was wünschbar ist und dem, was langfristig tragfähig bleibt. „Anders gewendet: Wir haben die Grenze erreicht, wo die Selbstbescheidung unerläßlich wird, wenn der Mensch nicht sich selbst untergraben soll, – womit der Vorrang des ‚Sein-Lassens' vor dem ‚Sein-Machen' als Postulat entbunden ist." *(Hans Jonas, Das Prinzip Verantwortung. Versuch einer Ethik für die technologische Zivilisation, 1979, S. 44)* Zukunft meint hier nicht nur technische Utopie, sondern Verantwortung gegenüber kommenden Generationen, gegenüber nichtmenschlichen Lebewesen, gegenüber der eigenen Integrität.

Auch die Frage nach dem „Purpose" – einem neuen Schlagwort für Sinn und Ziel – offenbart die Enge, wenn man sie nur instrumentell denkt. Der Zweck heiligt nicht jedes Mittel, und Sinn flieht vor jener Nützlichkeitslogik, die alles quantifizierbar machen will. Wo kein Geheimnis mehr ist, da ist keine Ehrfurcht, und ohne Ehrfurcht zerfällt die Welt in verfügbar gewordenes Material. Ein Gedanke, den man dem Gestus von Anders oder auch Heideggers Technik-kritischen Ausführungen entnehmen könnte. Purpose könnte heißen, sich einen Raum der Nicht-Verfügbarkeit zu erhalten, ein Territorium, in dem man nicht alles erklärt, nicht alles optimiert, sondern etwas stehen lässt, etwas wahrnimmt, das nicht auf ein Ziel verkürzt wird.

Glück, Achtsamkeit, Identität – diese Themen sind längst kein Luxusdiskurs mehr, sondern Schnittstellen, an denen sich die philosophische Reflexion am Alltäglichen reibt. Wer dabei allerdings auf fertige Patentlösungen hofft, wird enttäuscht sein. Philosophie im Alltag ist ein Experiment, ein ständiges Ausprobieren. Die vielen Ratschläge, die man online findet, können nur dann wertvoll sein, wenn sie in einem inneren Resonanzraum auf Widerklang stoßen. Ohne Resonanz gibt es kein Verstehen, so würde es Hartmut Rosa ausdrücken – ein Hinweis darauf, dass der Mensch nicht isoliert, sondern in Beziehungen lebt, in Rückkopplungen mit seiner Umwelt, mit anderen Menschen, mit der Geschichte, die in den Objekten seines Konsums sedimentiert ist. Um Selbstfürsorge wahrhaftig zu gestalten, muss man sich von der Idee lösen, Glück und Sinn ließen sich wie Produkte paketieren. Man muss bereit sein, Leerräume auszuhalten, nicht sofort jede Unbehaglichkeit wegzukonsumieren.

Die Langsamkeit, das Nichtwissen, die Suche, all dies gehört zum Menschsein.

„Wenn die Zeit verglüht, wird sie zur kurzen Zeit ohne Spanne, ohne Erstreckung. In dieser verkürzten Zeit kann kein Sinn geschehen. Auch das Ereignis verglüht unverzüglich." *(Byung-Chul Han, Duft der Zeit. Ein philosophischer Essay zur Kunst des Verweilens, 2009, S. 14)*. Dies könnte bedeuten, dass die größte philosophische Übung darin liegt, im Lärm einen stillen Ort zu schaffen, in der Eile einen Moment der Ruhe, im Datenstrom eine Reduktion. Solche Momente sind keine Flucht vor der Welt, sondern ein tieferes Eintauchen in ihre Schichten. Ethische Entscheidungen zwischen Klimawandel und Konsum verlangen kein heroisches Pathos. Sie verlangen Aufmerksamkeit. Arbeit, Pause und Purpose bedürfen keiner starren Leitfäden, sondern sensibler Ausbalancierung. Glück, Achtsamkeit, Identität im digitalen Zeitalter heißen nicht: Erfolgreiche Adaption an Markttrends, sondern kritisches

Hinterfragen der vorgegebenen Optionen. Wer so denkt, erkennt, dass Philosophie nicht im Elfenbeinturm haust, sondern in jeder Geste, jedem Handgriff, jedem digitalen Klick auftauchen kann. Der Alltag ist kein gedankenfreier Raum, sondern ein dichtes Gewebe an moralischen, ästhetischen, existenziellen Bedeutungen. Die Kunst besteht darin, dieses Gewebe nicht achtlos zu zerreißen, sondern seine Textur im Licht des Nachdenkens sichtbar zu machen und so inmitten des vermeintlich Banalen eine erweiterte Dimension menschlicher Selbstverantwortung zu entdecken.

Kapitel 5: Philosophie und Wissenschaft: Zwischen Fakten und Fiktion

„Die Wissenschaft denkt nicht." (Martin Heidegger, *Was heißt Denken?*, Tübingen: Niemeyer, 1954) Dieser schroffe Satz irritiert eine Zeit, die unablässig Daten sammelt und glaubt, mit formalen Methoden jede Ungewissheit zu bändigen. Doch er weist auf etwas Zentrales hin: Wissenschaft erschließt Gesetze, klassifiziert Beobachtungen, strebt nach kohärenten Theorien. Doch das reine Jonglieren mit Zahlen und Formeln ersetzt nicht das Fragen nach Sinn und Wert. Wissenschaft konzentriert sich auf das, was messbar, vorhersagbar und kontrollierbar ist, doch sie schweigt über das „Warum" hinter all den

Mustern. Hier setzt die Philosophie an, um jene Lücke zu beleuchten, die kein Messgerät schließen kann.

„Wir müssen uns darüber klar sein, dass wir nicht die Natur an sich beobachten, sondern die Natur, die unserer Art der Fragestellung ausgesetzt ist." (Werner Heisenberg, *Physik und Philosophie*, Stuttgart: Hirzel, 1959) Diese Einsicht enthüllt, dass wissenschaftliche Erkenntnis kein passiver Spiegel der Wirklichkeit ist. Jede Theorie, jede Methodik formt, was überhaupt sichtbar wird. Philosophie lenkt den Blick auf diese stillen Vorannahmen, auf die methodischen Schleusen, durch die unser Wissen hindurchmuss. Ohne das Innehalten und Hinterfragen dieser Hintergründe besteht die Gefahr, dass wir nicht nur Antworten sammeln, sondern zugleich die Fragen selbst manipulieren.

In einer Epoche der Datenfülle entsteht leicht die Illusion, wir könnten alles restlos erfassen. Doch Daten sind nicht gleich Bedeutung, und Tabellen ergeben kein umfassendes Weltbild.

„Theorien sind niemals endgültig verifizierbar, sondern stets der Möglichkeit der Falsifikation ausgesetzt." (Karl R. Popper, *Logik der*

Forschung, Tübingen: Mohr Siebeck, 1935/1959). Selbst die eleganteste Formel ist letztlich ein provisorischer Entwurf. Philosophie tritt hier als nüchterne Begleiterin auf: Sie erinnert daran, dass Wissen kein endlicher Besitz ist, sondern ein Weg voller vorläufiger Schritte. Durch ihr insistierendes Fragen befreit sie uns von der Tyrannei scheinbar unerschütterlicher Sicherheiten, macht uns die Zerbrechlichkeit unserer Erkenntnis bewusst.

„Das Unverständlichste am Universum ist, dass es verständlich ist." (Albert Einstein, *Mein Weltbild*, Berlin: Ullstein, 1986) Diese Verwunderung zeigt, dass Wissenschaft selbst auf einem Wunder fußt: der Verständlichkeit der Welt. Doch versteht Wissenschaft tatsächlich das Universum, oder baut sie nur Modelle, die funktionieren, ohne den eigentlichen Kern der Dinge je zu ergründen? Philosophie nimmt diese Frage ernst. Rationalität liefert Erklärungen, aber löscht das Staunen nicht aus. Der philosophische Blick fragt, ob die Klarheit, die wir erzwingen, nicht zugleich Verengung bedeutet – ein Zurechtschneiden des Unermesslichen auf unsere geistigen Werkzeuge.

„Die eigentliche Grenze der Rationalität des Menschen liegt in der Beschränkung seiner

Aufmerksamkeit, nicht in der Verfügbarkeit von Informationen." (Herbert A. Simon, *Administrative Behavior*, 1947) In dieser bissigen Formel steckt eine Weisheit: Wissenschaft erzeugt fortwährend neue Probleme, neue Fragen. Philosophie deutet dies nicht als Mangel, sondern als Beweis für die Lebendigkeit des Erkenntnisprozesses. Zwischen Fakten und Fiktion liegt ein Spannungsraum, in dem Theorien zu Brücken oder Sprungbrettern werden. Philosophische Reflexion hält diesen Raum offen, ermutigt zur Wachheit und warnt vor der Selbstgefälligkeit geschlossener Systeme.

Metaphysik reloaded heißt nicht, starre Dogmen zu reaktivieren, sondern jenseits der empirischen Hülle nach Tiefe zu fragen. „Philosophie ist die Wissenschaft der symbolischen Formen." (Ernst Cassirer, *Philosophie der symbolischen Formen*, 1923, S. 15) Hinter Daten, Formeln und Prognosen schlummert mehr, als Gleichungen ausdrücken können. Metaphysik sucht nach dem, was sich nicht in Messwerten erschöpft, nach Sinn hinter dem Offenkundigen. Es ist ein Appell, die Oberfläche nicht für das Ganze zu halten.

„Normalwissenschaft zielt nicht auf Neuheiten der Tatsache oder Theorie ab, sondern darauf, das bestehende Paradigma zu erläutern und zu erweitern." (Thomas S. Kuhn, *Die Struktur wissenschaftlicher Revolutionen,* 1973, S. 52) Kuhns Beobachtung zeigt, wie stark Wissenschaft oft von Paradigmen geprägt ist. Sie füllt Lücken, ohne Grundfesten neu zu diskutieren. Philosophie aber wagt es, diese Paradigmen selbst in Frage zu stellen, Grundannahmen zu entlarven und alternative Zugänge ins Spiel zu bringen. So kann ein Dialog entstehen: nicht als Rivalität, sondern als Austausch. Philosophie rüttelt an den Fundamenten, Wissenschaft reagiert, erneuert sich, entdeckt neue Horizonte.

Die radikale Devise macht deutlich, dass es kein absolutes Verfahren für Wahrheitsfindung gibt. Wissenschaft wächst im Konflikt der Ideen, im Versuch, bisher Ungedachtes auszuloten. Philosophie erkennt in dieser Dynamik einen kreativen Prozess: Erkenntnis ist nicht nur ein Gebäude, sondern ein ständiges Umbauen. Wo alles geht, erfordert es aber auch Urteilskraft: Woran halten wir fest, woran nicht?

„Würden die Pforten der Wahrnehmung gereinigt, erschiene dem Menschen alles, wie es ist, unendlich." (William Blake, *Die Hochzeit von Himmel und Hölle,* dt. Ausgabe in diversen Anthologien) Dieses poetische Bild veranschaulicht, dass unsere Wahrnehmung begrenzt ist, unsere Begriffe beschränkt sind. Wissenschaft vermag vieles zu klären, doch sie entfernt nicht jeden

Schleier. Philosophie hält die Möglichkeit offen, dass hinter den überprüften Theorien noch tiefere Geheimnisse lauern. Metaphysik reloaded heißt, den Mut zu haben, auch dort Fragen zu stellen, wo die Instrumente schweigen.

„Philosophie ist keine Lehre, sondern eine Beziehung." (Emmanuel Levinas, *Totalität und Unendlichkeit*, 1961) Diese Bemerkung zeigt, dass Philosophie nicht im Regal steht, sondern im Prozess des Denkens geschieht. Im Gespräch mit der Wissenschaft verleiht sie unserem Suchen Tiefenschärfe: Sie mahnt, unsere Begriffe immer wieder zu klären, unsere Konzepte zu überdenken, unsere Grenzen anzuerkennen. Wissenschaft liefert Fakten, Philosophie fragt nach deren Reichweite und Bedeutung.

Wenn Philosophie und Wissenschaft kooperieren, erlangt Erkenntnis eine größere Spannweite. Wir erkennen, dass unser Wissen weder endgültig noch starr ist. Metaphysik reloaded bedeutet, die alten Fragen nach Sein, Wahrheit und Sinn neu zu stellen, ohne den kritischen Geist aufzugeben. Der Dialog zwischen Faktischem und Sinnhaftem verhindert, dass wir in technischem Funktionieren oder leerem Skeptizismus verhaften. Er macht Erkenntnis zu einem menschlichen Abenteuer: unvollständig, unruhig, aber voller Möglichkeiten.

So erinnert uns die Philosophie daran, dass die Wissenschaft ohne Reflexion in stumme Gewohnheit kippen könnte. Sie macht sichtbar, dass Rationalität mehr ist als Berechnung, dass Verstehen nicht nur aus Rechenoperationen besteht. Zwischen Fakten und Fiktion, zwischen messbarer Oberfläche und unergründlicher Tiefe, entfaltet sich ein Dialog, der nie abschließt. Aus dieser Spannung gewinnt das Denken seine Lebendigkeit, und wir begreifen: Erkenntnis ist kein fertiger Besitz, sondern ein nie endender Prozess, der uns als Wesen des Fragens auszeichnet.

Kapitel 6: Gesellschaft, Politik und Zukunft

„Wäre die ganze Menschheit einhellig einer Meinung und nur ein einziger Mensch anderer Meinung, so wäre die Menschheit nicht mehr berechtigt, diesen einen zum Schweigen zu bringen, als dieser es, wenn er die Macht dazu hätte, berechtigt wäre, die Menschheit zum Schweigen zu bringen." (Mill: *Chapter 2: The Liberty of Thought and Discussion*) Dieses Diktum von John Stuart Mill ist wie ein heller Pfeil, der mitten ins Zentrum demokratischer Prinzipien fliegt. Hier wird deutlich, dass Meinungsfreiheit nicht nur ein technisches Recht darstellt, sondern ein moralisches Fundament: Sie sichert das vitalste Element der Demokratie, nämlich den offenen Diskurs. Ohne diesen Diskurs schrumpft die politische Gemeinschaft zu einem Chor, der nur noch ein einziges Lied kennt – ein stummer Sieg der Gleichförmigkeit, in dem alle Überraschung erlischt.

Doch sind wir verpflichtet, jede Stimme mit gleicher Gelassenheit zu ertragen? Wenn Hass statt Argumenten erschallt, wenn Verachtung anstelle von Kritik tritt, wird Meinungsfreiheit auf eine harte Probe gestellt. Wo die Grenze zwischen freier Rede und zerstörerischer Hetze verläuft, ist kein trivialer Nebenkriegsschauplatz der Philosophie, sondern deren Herzstück: Wie verteidigt man Vielfalt, ohne die Gemeinschaft zu vergiften? Es gibt keinen simplen Lehrsatz, doch die Philosophie fordert, diese Fragen ernsthaft anzugehen. Der Dialog bleibt Königsweg: In Gesprächen, Debatten, in zugewandtem Hören lässt sich unterscheiden zwischen der unbequemen Wahrheit, die manchmal wehtut, und der gemeinen Schmähung, die darauf abzielt, andere als Untermenschen darzustellen.

„Wo es Macht gibt, gibt es Widerstand, und dennoch oder vielmehr gerade deswegen steht dieser Widerstand niemals außerhalb der Macht." (Michel Foucault, *Der Wille zum Wissen. Sexualität und Wahrheit I*, Frankfurt a.M.: Suhrkamp 1977, S. 116.) Die digitale Sphäre, die zunächst als freies Feld der Möglichkeiten erschien, zeigt längst auch ihre Schattenseiten. Macht strömt durch die unsichtbaren Kanäle der Algorithmen, durch die Ökonomie der Aufmerksamkeit, durch politische Propaganda, die in Sekundenbruchteilen von Bildschirm zu Bildschirm springt.

Verantwortung im Netz heißt, diese Machtmechanismen nicht als schicksalhaft anzusehen, sondern sie durch kritische Reflexion durchsichtig zu machen. Wer politisches Engagement nicht nur als theoretische Übung betrachtet, sondern im Digitalen praktisch werden lässt, erkennt schnell, dass jedes Klicken, Teilen und Kommentieren nicht nur eine flüchtige Geste ist. Indem wir im Lärm des Netzes jene Stimmen herausfiltern, die sonst ungehört verhallen würden, erweisen wir Großzügigkeit. Engagement heißt, nicht gleichgültig vorüberzuziehen, sondern sich einzumischen, Unsinn zu widersprechen, Wahrheit zu verteidigen.

Was aber ist mit der Zukunft, die sich vor uns auftut wie ein offenes Gelände voller Überraschungen und Gefahren? „Die offene Gesellschaft muss immer bereit sein, ihre eigenen Grundprinzipien zu hinterfragen und zu ändern." (Karl Popper, *Die offene Gesellschaft und ihre Feinde*) Dieser Satz ist kein lockerer Kalenderspruch, sondern ein Ruf an unsere Vorstellungskraft. Zukunft ist kein statisches Bild, kein vorgezeichneter Pfad, sondern das Ergebnis unserer Gegenwartshandlungen. Utopien leuchten wie ferne Sterne, sie geben Orientierung, ermutigen, über das Bestehende hinauszudenken. Dystopien warnen vor den Abgründen, in die wir stürzen könnten, wenn wir blindlings technischen Fortschritt mit humaner Erosion verwechseln. Zwischen diesen Polen wandelt die Gesellschaft auf einem schmalen Grat. Die Philosophie drängt nicht darauf, rosarote oder rabenschwarze Bilder als endgültig zu übernehmen, sondern sie als Ansporn zu verstehen, die Gegenwart wachsamer, mutiger, gerechter zu gestalten.

Demokratie ist keine bequeme Couch, auf der wir uns ausruhen. Sie ist ein Akt des ständigen Neuverhandelns, ein Projekt im Werden. Philosophische Reflexion kann hier als eine Art innere Werkstatt wirken, in der Begriffe wie Gerechtigkeit, Freiheit, Gemeinschaft immer wieder neu geprüft werden. Meinungsfreiheit ist dabei nicht bloß Mittel zum Zweck, sondern Puls einer lebendigen Kultur. Um sie zu wahren, müssen wir verstehen, dass es Mut braucht, auch jene Rede zu ertragen, die uns schmerzt, solange sie den moralischen Grundkonsens nicht zerfrisst. Diese Gratwanderung erfordert Urteilskraft und Feingefühl. Aber heute, da Hassrede leichtfertig verbreitet wird, darf die Antwort nicht Zensur oder

Schweigen sein, sondern die Besinnung auf Werte, die den Diskurs schützen, ohne ihn zu strangulieren.

Machtverhältnisse sind im digitalen Zeitalter nicht nur eine Angelegenheit von Regierungen und Konzernen, sondern auch ein Spiegel unserer eigenen Handlungen. Wie oft lassen wir uns verführen, impulsiv zu reagieren, ohne innezuhalten, nachzudenken? Wie leicht lassen wir zu, dass Schlagworte, Memes, verfälschte Bilder unser politisches Bewusstsein durchziehen? Verantwortung heißt, die leisen Stimmen nicht zu überhören, die verquere Propaganda zu enttarnen und nicht vor der Schwierigkeit zurückzuschrecken, Wahrheit inmitten von Desinformation zu suchen. Es gibt keine perfekte Methode, aber das Nachdenken über diese Zusammenhänge ist bereits ein Anfang. „Der Mensch ist zur Freiheit verurteilt." *(Jean-Paul Sartre)* Diese Freiheit ist keine leichte Gabe, sondern eine Prüfung: Was tun wir damit, dass wir wählen, prüfen, urteilen können?

Utopien und Dystopien sind mehr als literarische Genres: Sie sind Werkzeuge des Denkens. Utopien entwerfen Szenarien, in denen soziale Gerechtigkeit, Bildung, Partizipation und technologische Vernunft Hand in Hand gehen. Dystopien hingegen zeigen, was geschieht, wenn wir die

Kontrolle über Prozesse verlieren, die Menschlichkeit verleugnen oder blind Macht anhäufen. Beide sind Kompasse, die nicht vorgeben, den ultimativen Kurs zu kennen, aber die Richtungen andeuten. Wer utopisch denkt, hofft auf Wandel; wer dystopisch warnt, erinnert an die Zerbrechlichkeit des Erreichten.

Philosophie begnügt sich nicht damit, staatliche Strukturen oder technische Werkzeuge moralisch zu bewerten. Sie will tiefer graben: Was macht eine Gesellschaft lebendig? Wie erhalten wir den Diskurs offen, ohne Hass zu legitimieren? Wie verhindern wir, dass Macht im Netz zur unsichtbaren Leine wird, an der wir tanzen, ohne es zu bemerken? Wie beschützen wir die Zukunft vor der eigenen Dummheit, Gier oder Trägheit? Der politische Raum ist kein Nebenschauplatz des Denkens, sondern vielleicht sein wichtigstes Labor. Hier treffen Ideen auf reale Konsequenzen, hier lösen Visionen Taten aus oder verebben in Apathie.

Wenn wir philosophisch an Politik herangehen, erkennen wir, dass Worte nicht neutral sind, dass jedes Argument ein Funke ist, der die Atmosphäre erhellen oder vernebeln kann. Die Philosophie rät, Worte wie Werkzeuge zu behandeln: sorgfältig wählen, schärfen, auch mal ablegen, wenn sie stumpf geworden sind. Meinungsfreiheit lebt von dieser ethischen Haltung. Machtverhältnisse im Netz fordern uns heraus, Nuancen wahrzunehmen, denn im digitalen Raum prallen Ideologien ungefiltert aufeinander. Und die Zukunft, offen wie sie ist, verlangt, dass wir uns nicht ins Schicksal fügen, sondern selbst gestalten.

Am Ende stehen wir vor der Einsicht, dass Gesellschaft, Politik und Zukunft kein starrer Block sind, sondern lebendige Prozesse, in denen Denken und Handeln sich wechselseitig anregen. Philosophie trägt dazu bei, die Grundlagen zu verstehen, die Dynamiken offenzulegen, die Schattenseiten zu beleuchten. Sie verschreibt keine Patentlösungen, aber sie macht uns empfindsam für die Fragen, die zählen. Utopien locken uns, weiterzudenken, Dystopien alarmieren uns, nicht naiv zu sein, und die Gegenwart ruft nach kluger Einflussnahme. So geraten wir nicht in passive Ohnmacht, sondern erkennen unsere aktive Rolle: Die Zukunft, die wir wollen, ist nicht bloß ein ferner Wunsch, sondern ein Ergebnis kollektiver Auseinandersetzungen – ein politisches, moralisches und intellektuelles Abenteuer, in dem wir selbst Hauptakteure sein können.

Kapitel 7: Kunst, Kultur und Medien – Denken mit allen Sinnen

„Ohne Musik wäre das Leben ein Irrtum." (Friedrich Nietzsche, *Götzen-Dämmerung*) – Dieser eine Satz reicht, um zu erahnen, wie tief Kunst und Kultur mit unserem Menschsein verflochten sind. Kunst ist kein bloßes Beiwerk des Lebens, sondern eine eigenständige Sphäre, in der sich Ideen formen, die anderswo stumm bleiben. Ein Gemälde kann das Unaussprechliche in Farben gießen, eine Komposition Gefühle erklingen lassen, für die es keine Worte gibt. Kunst ist Ausdruck, Entzug und Erschaffung zugleich: Sie befreit uns von der Enge einseitiger Rationalität, indem sie dem Denken andere Zugänge öffnet, weit über Begriffe und Definitionen hinaus.

In diesem Spiel zwischen Sinn und Sinnlichkeit hat sich längst ein Wandel vollzogen: Was einst das Atelier, die Bühne oder die Galerie war, hat sich ins Digitale verlagert, in Räume, in denen Bilder, Klänge und Texte unmittelbar geteilt, kopiert, transformiert werden. „Die technische Reproduzierbarkeit des Kunstwerks verändert das Verhältnis der Massen zur Kunst." (Walter Benjamin, *Das Kunstwerk im Zeitalter seiner technischen Reproduzierbarkeit*).

Heute streifen wir durch digitale Galerien, stoßen auf Videoschnipsel, die so rasch erscheinen wie verschwinden, hören Musik aus endlosen Playlists auf Spotify oder Apple Music. Doch was macht dies mit unserem Verständnis von Kunst? Ist sie dadurch entzaubert oder neu beflügelt?

Die Philosophie schaut hier nicht von oben herab, sondern versucht, den Kern zu ergründen: Kunst war schon immer mehr als Dekoration. Sie greift nach Ideen, die der klare Begriff nicht zu fassen vermag. Der Dichter Rilke schrieb: „Denn das Schöne ist nichts als des Schrecklichen Anfang, den wir noch grade ertragen." (Rainer Maria Rilke, *Duineser Elegien*) Schönheit ist nicht bloß ein angenehmer Eindruck, sondern kann verstören, herausfordern, uns aus der Komfortzone reißen. Kunst kann ein Schock sein, ein unerwarteter Spiegel, der uns zeigt, was wir nicht sehen wollten. Wenn wir uns auf diese Erfahrungen einlassen, lernen wir, nicht nur mit dem Verstand, sondern mit allen Sinnen zu denken.

Dieses Denken mit allen Sinnen erstreckt sich heute auf Filme, Games, Musikvideos und Serien. Die Popkultur ist kein triviales Sammelsurium, sondern ein Kaleidoskop menschlicher Ausdrucksformen. Ein Film kann, wie ein philosophisches Gleichnis, existenzielle Fragen stellen, ohne dabei starr didaktisch zu sein. Ein Game fordert uns auf, Entscheidungen zu treffen, moralische Abwägungen vorzunehmen, Verantwortung zu spüren. In der Musik schwingen Ideen mit, die keine Abhandlung jemals so direkt vermitteln könnte. „Die Musik drückt das aus, was nicht gesagt werden kann und worüber zu schweigen unmöglich ist." (Victor Hugo, Übertragung ins Deutsche) Musik ist also nicht einfach ein Ornament, sie kann zur ethischen, geistigen Herausforderung werden. Auch die Popkultur hält philosophische Funken bereit, selbst wenn sie auf den ersten Blick als leichte Unterhaltung erscheint. Gerade in scheinbar oberflächlichen Medien steckt oft der Keim komplexer Visionen.

„Wir haben die Kunst, damit wir nicht an der Wahrheit sterben." (Friedrich Nietzsche, *Die Geburt der Tragödie aus dem Geist der Musik*,1872, § 4) Nietzsche erinnert daran, dass Kunst keiner simplen Wahrheit verpflichtet ist, sondern eigene Welten erschafft. Diese Welten dürfen nicht nur konsumiert, sondern müssen erfahren, durchdacht, reflektiert werden. Doch wie gelingt dies in einer Zeit, da Bilder und Klänge in rasender Geschwindigkeit auf uns einstürmen? Philosophie kann hier als Steuerfrau auftreten: Sie hilft, die Wahrnehmung zu verfeinern, Qualität von bloßem Effekt zu unterscheiden, Nuancen zu schmecken, statt sie achtlos zu verschlingen.

Der digitale Raum bietet nicht nur mehr Kunst, sondern auch neue Formen der Interaktion. Ein Online-Spiel kann Grenzen zwischen Kunstwerk und Betrachter auflösen, indem wir als Spieler selbst handelnde Figuren in narrativen Landschaften werden. Was bedeutet das für unsere Ästhetik? Die Kunst soll nicht das Sichtbare wiedergeben, sondern sichtbar machen, postulierte Paul Klee. Ein interaktives Medium zwingt uns, das Kunstwerk nicht passiv zu betrachten, sondern aktiv mitzugestalten. Wir betreten Welten, in denen moralische Dilemmata, politische Botschaften oder existenzielle Fragen auf uns warten. So kann ein Adventure-Game zur Philosophiestunde werden, ohne Vorlesung, ohne Professor, nur durch Handeln, Scheitern, Entdecken.

Auch die Frage nach Schönheit und Geschmack erlebt einen Wandel. Doch wie lösen wir Rätsel im digitalen Zeitalter, da Schönheit oft im Effektreigen untergeht, Stile sich rasch ändern und Trends kurzlebig sind? Geschmack ist nicht statisch, er entwickelt sich in einem Fluss beständiger Sinneseindrücke. Philosophie lehrt uns, nicht vorschnell Urteile zu fällen, sondern innezuhalten: Warum berührt mich dieses Musikstück? Weshalb wirkt ein bestimmtes Videobild verstörend schön? Kann ein Meme ästhetische Bedeutung haben, oder bleibt es flüchtiges Massenphänomen? Die Philosophie schlägt vor, solche Fragen offen zu halten, nicht um Antworten zu vermeiden, sondern um den Denkraum weit zu halten. „Die Kunst ist die höchste Form der Erkenntnis." (Arthur Schopenhauer, *Die Welt als Wille und Vorstellung*, 1818)

Kunst vermittelt zwischen dem, was wir benennen können, und dem, was uns nur ahnend erreicht. Wenn wir Filme, Games und Musik als philosophische Impulsgeber begreifen, dann lernen wir, in ihnen mehr als nur Freizeitvergnügen zu sehen. Der Film, der Konflikte von Freiheit und Schicksal inszeniert, regt unsere Überlegungen an. Das Game, in dem wir moralische

Grenzen ausloten, macht uns sensibel für ethische Fragestellungen. Ein Popsong, dessen Text wir zunächst harmlos finden, kann in uns eine ganze Kaskade an Gedanken anstoßen, sobald wir genauer hinhören. Die Popkultur ist also kein bloßes Konsumfeld, sondern ein Reservoir von Ideen, die sich unter der Oberfläche verbergen.

Im digitalen Raum, in dem Kultur allgegenwärtig ist, weitet sich unser ästhetisches Repertoire. Doch zugleich kann es uns überfluten. „Die Kunst imitiert nicht nur das Äußere der Dinge, sondern auch ihren wesentlichen Charakter." (Aristoteles, *Poetik, Kapitel III*) Zwar spricht Aristoteles hier von Kunstwerken, doch in digitalen Räumen gilt Ähnliches: Das Kunstwerk „versteht" uns, indem es uns mit unserer Erfahrung konfrontiert, unsere Vorurteile erschüttert, unser Selbstverständnis prüft. Der Dialog ist nun vielstimmiger, vielschichtiger: Technik vermittelt, vervielfältigt, verschiebt Perspektiven. Kunst ist kein Monolith, sondern ein ständiges Neu-Erfinden.

In der jetzigen Ära, in der KI Kunstwerke hervorbringen kann, stellt sich die Frage, ob wir die menschliche Note verlieren. Doch auch hier empfiehlt die Philosophie Gelassenheit. Maschinen können Muster generieren, Stile imitieren, aber ob sie je die Tiefe des menschlichen Erlebens, das Abenteuer des Fühlens und Denkens erreichen, bleibt offen (ich sage bewusst nicht: unmöglich). Das Einmalige des menschlichen Schaffens liegt darin, dass Kunst nicht nur Ergebnis, sondern Prozess ist, ein Ringen um Sinn, ein zärtliches Verhandeln mit dem Unbekannten. Die Philosophie betrachtet diese Prozesse als wesentlichen Teil unserer Kultur. Sie fragt nicht, ob digitale Kunst „weniger wert" ist, sondern welche Horizonte sie öffnet, welche Denkbewegungen sie erlaubt.

Ästhetik im digitalen Raum wird damit zur ständigen Neuverhandlung von Wert und Bedeutung. Was gestern als künstlerisch hochwertig galt, kann heute banal wirken, während ein Game, das vor Jahren belächelt wurde, plötzlich als Kulturgut betrachtet wird. Diese Verschiebungen sind nicht Zeichen von Beliebigkeit, sondern von Lebendigkeit. „Wir haben die Kunst, damit wir nicht an der Wahrheit zugrunde gehen."(Friedrich Nietzsche, *Die Geburt der Tragödie aus dem Geiste der Musik*, 1872)

Es zeigt, dass Kunst Bereiche unseres Daseins berührt, die über den Alltag hinausweisen. Im digitalen Rahmen verliert diese Tiefe nicht an Relevanz, sie gestaltet sich nur anders aus. Ein virtueller Ausstellungsraum kann uns ebenso erschüttern wie eine real existierende Galerie, wenn wir bereit sind, genau hinzuschauen.

Über Geschmack lässt sich streiten, sagt der Volksmund. Doch Philosophie schärft unser Gespür, dass dieser Streit nicht bloß um Vorlieben geht, sondern um Orientierungen. Wenn wir lernen, jenseits von Trend und Mode zu fragen, was uns an einer bestimmten künstlerischen Form fasziniert, gelangen wir zu einer tieferen Einsicht in unsere selbstgewählten Werte.

Im digitalen Raum, wo Medienformen sich überlappen, erweist sich Freiheit als zentrales Moment der Kunst. Freiheit, neue Techniken einzusetzen, Freiheit, ungewöhnliche Ästhetiken auszuprobieren, Freiheit, sich von alten Kanons zu lösen. Zugleich fordert diese Freiheit Verantwortung: Nicht alles, was möglich ist, ist wertvoll. Nicht alles, was glänzt, ist Schönheit. Philosophie hilft hier, echte von oberflächlicher Ästhetik zu trennen, den eigenen Geschmack zu reflektieren, ohne sich von Algorithmen oder Marktdruck lenken zu lassen.

Wenn wir Film, Game, Musik philosophisch ernst nehmen, erkennen wir, dass unsere Kultur nicht arm ist, sondern reich an Potenzial für geistige Entdeckungen. Das Populäre ist nicht zwingend banal, das Digitale nicht zwangsläufig flach. Es kommt darauf an, mit welcher Haltung wir uns diesen Ausdrucksformen nähern. Denken mit allen Sinnen heißt, unser Urteilsvermögen nicht nur auf begriffliche Analysen zu stützen, sondern auch auf Empfinden, Resonanz, Stimmung. So kann ein Musikclip mehr über die Sehnsüchte einer Generation verraten, als ein nüchterner Bericht es je könnte. Ein Indie-Game kann existenzielle Fragen so stellen, dass sie uns spielerisch an die Grenzen unserer Werte führen.

Die Ästhetik im digitalen Zeitalter erfordert einen wachen Geist, der Unterschiede erspürt: zwischen Reflexion und Reizüberflutung, zwischen Substanz und Blendwerk. Die Kunst soll nicht das Sichtbare wiedergeben. Dieser Satz bleibt Leitfaden. Sichtbar machen heißt: uns Dinge zeigen, an denen wir sonst vorbeisehen würden. Das kann im Netz geschehen, in Apps, Plattformen, Streams. Es hängt von uns ab, ob wir nur hindurchrauschen oder uns einlassen.

Philosophie dient hier als innerer Kompass. Sie sagt nicht, diese oder jene Kulturform sei besser, sondern fordert dazu auf, die Kräfte der Wahrnehmung und des Denkens zu vereinen. Kunst kann Ideen kommunizieren, die wir nicht in Argumenten ausdrücken können. Sie berührt Werte, Gefühle, Sehnsüchte. Die digitale Kultur multipliziert die Kanäle, auf denen diese Impulse zu uns gelangen. Unser Job ist es, nicht im permanenten Strom unterzugehen, sondern selektiv, bewusst, achtsam zu bleiben. Dann wird unser Umgang mit Kunst, Kultur und Medien zum Denken mit allen Sinnen – ein Prozess, in dem wir lernen, über Begriffe hinauszuwachsen, ohne den Anspruch auf Klarheit aufzugeben.

So lässt sich am Ende sagen: Kunst ist eine Brücke zwischen Sprachen und Stille, ein Resonanzraum für Ideen, die keine Formel bindet. Popkultur ist nicht bloß kommerzielle Ablenkung, sondern kann Funken philosophischer Anregung verbergen. Der digitale Raum ist weder Heilsbringer noch Zerstörer, sondern ein offenes Feld für Experimente. Ästhetik ist kein Luxus, sondern ein Weg, die Welt besser zu verstehen. Und die Philosophie, die uns anregt, so zu denken, erfüllt dabei ihre Aufgabe: uns zu ermutigen, mit allen Sinnen zu reflektieren, um jene Tiefe zu ergründen, die in Bildern, Klängen, Geschichten aufscheint.

Kapitel 8: Was kann Philosophie konkret leisten?

„Habe Mut, dich deines eigenen Verstandes zu bedienen." (Immanuel Kant, *Beantwortung der Frage: Was ist Aufklärung?*) Diese Aufforderung klingt wie ein leiser aber dringlicher Weckruf durch die Jahrhunderte: Philosophie ist nicht nur ein elitäres Gedankenspiel, sondern ein Werkzeug, um den eigenen Geist wachzurütteln. Sie kann helfen, im moralischen Grauzonenwald eine Schneise zu finden, im lautstarken Markt der Ideologien einen kühlen Kopf zu bewahren und inmitten ständiger technologischer Neuerungen die eigenen Wertmaßstäbe zu schärfen. Wer philosophiert, übt sich in der Kunst, nicht bei der erstbesten Lösung stehenzubleiben, sondern genauer hinzuschauen, tiefer zu fragen.

Dieses „Genauer-Hinschauen" kann im Bereich der Ethik und Lebenskunst Wunder wirken. Philosophie stellt keine starren Rezepte bereit, aber sie kann dabei helfen, unsere Haltungen, Vorlieben und Überzeugungen zu klären. Ob es um die Frage geht, wie wir mit Schuld umgehen, wie wir unter Unsicherheit das Richtige tun oder wie wir unsere kostbare Lebenszeit sinnvoll nutzen – philosophische Reflexion verschafft uns Freiraum. „Das ungeprüfte Leben ist nicht lebenswert." (Platon, *Apologie des Sokrates*) Dieses Zitat erinnert daran, dass wir nicht bloß reagieren, sondern handeln sollen – nicht blind, sondern im Bewusstsein der Folgen. Philosophie macht aus reinen Meinungen begründete Überzeugungen und ermutigt uns, jenseits des bloßen Nachplapperns fremder Ansichten eigene Positionen zu entwickeln.

Besonders in einem Zeitalter, in dem Technologien unseren Alltag neu ordnen, wirkt Philosophie wie ein moralischer Kompass. KI, Biotechnologie, Gen-Editing, Roboterassistenten – es ist nicht mehr bloß Science-Fiction, sondern Wirklichkeit. Doch wie gehen wir damit um? Dürfen wir Leben nach Belieben gestalten, Gene manipulieren, Maschinen Entscheidungen überlassen?

Die Philosophie beginnt mit dem Erstaunen. Dieses Erstaunen brauchen wir angesichts komplexer Innovationen. Philosophie liefert keine einfachen Verbote oder Freigaben. Stattdessen hilft sie, Grundsatzfragen zu stellen: Wie definieren wir Würde, Freiheit oder Verantwortung im Umgang mit klugen Algorithmen? Welche ethischen Leitplanken brauchen wir, um nicht unsere Menschlichkeit zu verlieren, wenn uns die Technik scheinbar grenzenlose Macht verspricht?

Doch Philosophie kann uns nicht vor allen Irrtümern bewahren. Sie ist kein Orakel, das uns eindeutig sagt, was in jeder Situation zu tun ist. Und genau das ist eine befreiende Erkenntnis. Philosophie ist kein Automat für kluge Sätze, sondern eine Disziplin des Fragens, Zweifelns, Prüfens. „Wovon man nicht sprechen kann, darüber muss man schweigen." (Ludwig Wittgenstein, *Tractatus logico-philosophicus*) Dieses berühmte Diktum zeigt, dass Philosophie auch Grenzen kennt. Sie kann uns deutlich machen, wann wir besser still sind, statt selbstgewiss Unfug zu reden. In einer Welt, in der viele glauben, für alles eine Meinung zu haben, ist es tröstlich zu wissen, dass Philosophie uns lehrt, Unwissenheit anzuerkennen und Lücken auszuhalten.

Dass Philosophie nicht alles kann, ist kein Defekt. Wer Philosophie als starre Lehre missversteht, übersieht ihre größte Stärke: Sie will nicht versklaven, sondern befähigen. Wir sollen selbst denken, selbst urteilen, selbst Verantwortung übernehmen. „Die Philosophen haben die Welt nur verschieden interpretiert; es kommt aber darauf an, sie zu verändern." (Karl Marx, *Thesen über Feuerbach*) Philosophie kann Impulse geben, kann eine Vision entfachen, aber die Tat, die konkrete Veränderung, liegt bei uns. Die Befreiung liegt darin, dass uns niemand die Last der Entscheidung abnimmt. Wir erkennen: Philosophie ist kein Ersatz für persönliches Engagement, sondern dessen Katalysator.

Gerade angesichts globaler Herausforderungen wie Klimawandel, Ungleichheit oder digitaler Überwachung brauchen wir dieses philosophische Rüstzeug. Wie sollen wir globale Gerechtigkeit denken, wenn wir nicht bereit sind, unsere Begriffe von Gut und Böse, Recht und Unrecht immer wieder neu zu befragen? Philosophie kann dabei helfen, moralische Probleme nicht in plumpe Schlagworte zu verpacken, sondern differenziert zu analysieren. Sie sensibilisiert für Ambivalenzen, für Grautöne, für das unbehagliche Gefühl, dass einfache Lösungen selten ehrlich sind. Durch dieses Hinterfragen lernen wir, komplexe Probleme mit mehr Geduld und Tiefe anzugehen.

In einer Ära des Marketings, der politischen Phrasen und der algorithmischen Verzerrungen hilft Philosophie, sprachliche Nebel zu lichten. Wer philosophisch geschult ist, lässt sich weniger leicht täuschen, weil er oder sie gelernt hat, auf Feinheiten zu achten. So kann Philosophie konkret leisten, dass wir nicht jedem Trend hinterherrennen, nicht jeder simplen Story glauben, sondern Argumente prüfen, Worte auf ihre Substanz abklopfen, Manipulationstechniken durchschauen. Sie ist ein Reflexionsraum, in dem wir klären, was wir meinen, wenn wir von Freiheit, Gerechtigkeit oder Authentizität sprechen. Auch im ganz alltäglichen Leben kann Philosophie helfen, den Blick zu weiten. Wenn wir Entscheidungen treffen müssen – sei es, wie wir unsere Freizeit gestalten, welchen Beruf wir wählen, welche Beziehungen wir pflegen wollen – kann philosophisches Nachdenken uns daran erinnern, nicht nur auf Effizienz, Profit oder kurzfristige Lust zu schielen, sondern uns zu fragen: Was ist langfristig sinnvoll, was entspricht meinen tiefsten Werten? Philosophie ersetzt keine Therapie, aber sie kann eine Art seelische Gymnastik sein, die den Geist elastisch hält, ihn vor Verhärtungen bewahrt. Inmitten des Tech-Dschungels, wo KI und Biotechnologie neue Fragen aufwerfen, kann Philosophie helfen, die richtigen Debatten zu führen. Statt blind Fortschritt mit Heil gleichzusetzen oder ängstlich jeden Fortschritt zu verteufeln, bietet philosophische Reflexion einen dritten Weg: die besonnene Abwägung. „Handle so, dass du die Menschheit sowohl in deiner Person als in der Person eines jeden anderen jederzeit zugleich als Zweck, niemals bloß als Mittel brauchst." (Immanuel Kant, *Grundlegung zur Metaphysik der Sitten*) Dieses kategorische Imperativ kann als moralischer Leitfaden dienen, um Technik nicht instrumental, sondern menschenwürdig einzusetzen. Philosophie kann also Orientierung geben, wo moralische Unsicherheit herrscht.

Natürlich ist Philosophie nicht imstande, sämtliche Konflikte zu lösen. Sie kann nichts garantieren, kann kein vollendetes Paradies schaffen. Aber genau diese Ehrlichkeit nimmt uns den Druck. Wir müssen nicht glauben, dass es eine absolute Wahrheit gibt, die uns vor allen Fehltritten bewahrt. Philosophie setzt auf Denkprozesse, auf Kritik, Dialog und Revision. Das ist frei von Dogma und dennoch sinnstiftend.

Philosophie kann uns nicht von allen Zwängen befreien, aber uns davor bewahrt, uns allzu bequem im Vorhandenen einzurichten. Gerade darin liegt ihr konkreter Wert: Sie hält uns wach.

In einer Welt, in der sich Wissensgebiete vervielfachen, in der Experten unterschiedlichster

Couleur mit widersprüchlichen Aussagen auftreten, ist Philosophie ein Anker. Sie mahnt, dass wir nicht in die Falle verfallen sollen, bloß Expertenmeinungen nachzubeten, sondern selbst zu prüfen, wessen Expertise wir vertrauen. Philosophie kann also helfen, in einer Flut von Informationen Orientierung zu finden, indem sie uns daran erinnert, dass Denken mehr ist als Datenverarbeitung. Es geht um Urteilskraft, um das Abwägen von Gründen, um die Bereitschaft, Irrtümer einzugestehen.

Was Philosophie nicht kann – und warum das befreiend ist: Sie kann kein lückenloses System für alle Zeiten aufstellen. Sie kann uns nicht von der Last der Freiheit entbinden, keinen König pfannenfertiger Wahrheiten liefern. Sie kann auch keine technischen Probleme direkt lösen, keine Maschinerie konstruieren, keinen Algorithmus optimieren. Aber sie kann uns helfen, die richtigen Fragen an die Technik, an die Macht, an die Moral zu stellen. Das befreiende daran ist, dass wir nicht auf Vorgaben beschränkt sind, sondern selbst Akteure in diesem Prozess werden. Wir müssen nicht auf Philosophen als Helden hoffen, sondern können durch philosophische Haltung selbst aktiv werden.

Gerade im Umgang mit Künstlicher Intelligenz könnte man einwenden, dass Philosophie doch nichts Konkretes leistet, weil sie keine Codes schreibt. Aber sie kann die Codes in Frage stellen, die Absichten dahinter, die ethischen Hintertüren und blinden Flecken. Indem sie uns zeigt, dass Werturteile, Normen und Ziele hinter jedem technologischen Projekt stehen, klärt sie auf, statt bloß hinzunehmen. Das ist konkret: Wer moralische und humanistische Maßstäbe kennt, kann in Verhandlungen über Regulierungen, in politischen Debatten oder in Projektteams Wirksamkeit entfalten. Philosophie ist der leise Mentor im Hintergrund, der uns ermutigt, nicht nur Expertenrat zu befolgen, sondern auch zu prüfen, welche Werte wir verwirklichen wollen.

Somit ist Philosophie ein Befähiger, ein Katalysator. Sie macht uns sensibler für Machtstrukturen, die hinter Algorithmen, Märkten und Apparaten lauern. Sie weist darauf hin, dass wir als moralische Wesen gefragt sind, Ziele und Mittel zu hinterfragen. So erhält das Individuum Orientierung, nicht als beiläufige Randnotiz, sondern als zentrale Ressource in einer verwirrenden Gegenwart. Und weil Philosophie nicht vorgibt, alles zu wissen, führt sie uns auf den Weg der Selbstverantwortung: Wir sollen, ja wir dürfen selbst denken, abwägen, handeln – und uns so in einer turbulenten Welt zugleich sicherer und freier fühlen.

Kapitel 9: Schluss - Ein neuer Blick auf das Denken

„Philosophie ist eine Vorbereitung auf den Tod." von Seneca aus den *Briefe an Lucilius*, Brief 13) Dieser Satz wirkt zunächst schwer. Doch er weist uns auf eine Grundwahrheit hin: Wir leben nicht ewig, und diese Erkenntnis sollte uns nicht lähmen, sondern wachrütteln. Philosophisches Denken ist ein Weg, das eigene Dasein bewusst zu gestalten, statt es unbemerkt an uns vorbeiziehen zu lassen. Wenn wir das Ende vor Augen haben, gewinnt jeder Tag an Intensität; wir begreifen, dass wir nicht unendlich Zeit haben, sinnloses Hin und Her zu ertragen. Wer philosophiert, stellt sich Fragen, die über reine Funktionalität hinausgehen: Was erfüllt mich wirklich?

Welche Tätigkeiten sind mir kostbar, welche Ballast?

Dieser neue Blick auf das Denken ist kein elitärer Luxus. Er öffnet uns Türen im Alltag. Wenn wir uns morgens fragen, welche Werte unseren Tag prägen sollen, lenken wir unsere Aufmerksamkeit auf das, was zählt. Ist es Freundschaft, Lernbereitschaft, Achtsamkeit? Oder geht es uns nur um schnelles Erledigen von Aufgaben? „Es ist nicht wenig Zeit, die wir haben, sondern es ist viel Zeit, die wir nicht nutzen, meint Seneca in seiner Schrift *Von der Kürze des Lebens*. Diese Warnung macht klar, dass oft nicht die Menge an Stunden das Problem ist, sondern die Art, wie wir sie füllen. Philosophische Besinnung hilft, Unwichtiges als solches zu erkennen und Platz für Wesentliches zu schaffen.

Praktische Tipps müssen nicht kompliziert sein. Man kann sich etwa täglich einen Moment reservieren, um seine Gedanken niederzuschreiben. Nichts Großes, vielleicht zwei, drei Sätze, die festhalten, was den Tag geprägt hat. Oder man lässt bei einem Abendspaziergang das Smartphone in der Tasche, um die Sinne zu schärfen. Die Philosophie lehrt uns, dass Wahrnehmung kein passiver Vorgang ist, sondern ein schöpferisches Tun. Indem wir lernen, bewusst zu denken, formen wir unsere innere Haltung, unsere Stimmung, unsere Reaktionen auf die Welt.

Dieser neue Blick auf das Denken ist auch ein Plädoyer gegen Denkfaulheit und gedankliche Trägheit. Zu leicht lassen wir uns von Schlagwörtern, Trends, Lautstärken blenden. Wer philosophiert, übt sich darin, hinter die Oberfläche zu schauen. Welche Absicht steckt hinter dieser Werbebotschaft, jener politischen Parole, diesem Ratschlag? Diese Einsicht zeigt, dass nicht nur große Lebensentscheidungen einer Prüfung bedürfen, sondern auch die vielen Kleinigkeiten, die unser Dasein formen. Philosophisch leben heißt, diese kleinen Lebenstage bewusster zu gestalten, ihnen Bedeutung zu geben.

Neben der Auseinandersetzung mit dem eigenen Innenleben lohnt es, philosophische Impulse in alltägliche Gespräche einzubringen. Man muss nicht gleich mit komplizierten Theorien kommen. Es reicht, in einem Dialog vorsichtig nachzufragen: Warum denkst du so? Welche Gründe sprechen dafür, welche dagegen? Anstatt uns in Polemik zu verlieren, probieren wir aus, Argumente abzuwägen, Verständnis aufzubringen, Ungenauigkeiten zu hinterfragen. „Allein dieser [ein für weise gehaltener Staatsmann] doch meint zu wissen, da er nicht weiß, ich aber, wie ich eben nicht weiß, so meine ich es auch nicht." (Sokrates, überliefert durch Platons *Apologie, 21d-22a*) Diese Haltung der Bescheidenheit zeigt, dass Philosophie uns Gelassenheit lehren kann. Nicht um alles wissen zu müssen, sondern das Nichtwissen produktiv zu nutzen – zu fragen, zu forschen, zu lernen.

Philosophie ist kein statisches Konstrukt, sondern ein ständiges Unterwegssein. Wer diesen Weg geht, bemerkt, dass man Konflikte im Alltag anders anpacken kann: Statt sofort in die Verteidigung zu gehen, fragen wir, was den anderen bewegt. Statt beleidigt zu sein, prüfen wir, ob wir vielleicht selbst zu empfindlich reagieren. Ein philosophisch inspirierter Alltag ist kein kaltes Kalkulieren, sondern ein tieferes Verstehen der Dynamiken, die zwischen Menschen herrschen. Indem wir unsere Ego-Verzerrungen erkennen, wachsen wir in unserer Fähigkeit, empathisch und zugleich kritisch zu sein.

Ein weiterer praktischer Tipp: Lektüre von kurzen Texten bedeutender Philosophen. Man muss nicht ganze Werke verschlingen. Ein paar Zeilen von Epiktet oder Seneca können Inspiration für den Tag sein. Man kann sich vornehmen, ein Zitat oder eine Idee am Morgen zu lesen und darüber nachzudenken, wie sie auf das eigene Leben anwendbar ist.

„Alle Menschen von Natur aus streben danach, zu wissen." (Aristoteles aus der *Metaphysik*, Buch I, Kapitel 3, 983b24) Diese Erkenntnis erinnert uns daran, dass nicht nur materielle Güter zählen. Auch geistige Nahrung ist entscheidend, um Orientierung zu finden.

Ein neuer Blick auf das Denken bedeutet auch, die Angst vor Fehlern abzulegen. Wer philosophiert, weiß, dass Irren menschlich ist. Wichtiger ist, aus Fehlern zu lernen, anstatt sich selbst dafür zu verurteilen. Die Philosophie rät, Erfahrungen als Rohmaterial für Einsicht zu nutzen. Wir können Situationen reflektieren, verstehen, warum wir so oder so gehandelt haben, und es beim nächsten Mal anders angehen. Dieses ständige Feinjustieren unseres Handelns macht unseren Alltag fließender, elastischer. Wir verhärten uns nicht in starren Mustern, sondern bleiben beweglich, lernbereit.

Im aktuellen Heute voller Ablenkungen ist es ein Akt der Selbstbestimmung, sich auf das Wesentliche zu konzentrieren. Philosophisch leben heißt zu entscheiden, wovon wir uns leiten lassen wollen. Werten wir Status, Konsum und Meinungsgetöse höher als innere Ruhe, Integrität und Sinnhaftigkeit? Wenn wir erkennen, dass Reichtum an materiellen Dingen nicht automatisch Zufriedenheit bringt, sondern eher die innere Haltung darüber entscheidet, wie wir unsere Umstände bewerten, gewinnen wir mehr Autonomie.

Durch Nachdenken und Prüfungen eigener Vorurteile kommen wir zu einer stabileren inneren Haltung. Dann überrascht es uns weniger, wenn die Welt sich anders verhält, als wir es erwarten. Wer philosophisch geschult ist, versteht, dass die Realität komplexer ist, als einfache Erklärungen vermuten lassen. Diese Einsicht schärft die Toleranz gegenüber Ungewissheit. Wir müssen nicht jedem Gerücht glauben, nicht jede Schlagzeile für bare Münze nehmen. Das gibt innere Ruhe und Kraft, inmitten von Informationsfluten einen kühlen Kopf zu bewahren.

Auch in Beziehungen kann ein philosophisch inspiriertes Denken helfen. Wir lernen, zuhören zu können, anstatt sofort in Ratschläge zu verfallen. Wir akzeptieren, dass andere anders ticken, andere Prioritäten haben. Durch kluges Fragen, achtsames Zuhören und die Bereitschaft, Ansichten zu überprüfen, können Konflikte entschärft und Gespräche vertieft werden. Philosophie empfiehlt uns auch, nicht am Ego zu klammern, sondern uns als lernfähige Wesen zu begreifen. Wir sind nicht fertig, wir entwickeln uns – und das ist eine ermutigende Perspektive.

Ein letzter praktischer Hinweis: Man kann philosophische Übungen in den Alltag einbauen, indem man sich regelmäßig fragt: Was war heute wichtig? Welche Entscheidung hätte ich anders treffen können? Habe ich meine Ziele aus dem Blick verloren? Solche Selbstreflexion stärkt unsere Identität, hilft, Prioritäten zu ordnen und lässt uns sensibler für unsere Lebensgestaltung werden. Unsere Welt besteht aus lauter Geschwätz, und ich habe noch keinen Menschen getroffen, der nicht eher mehr als weniger denn nötig geredet hätte; jedenfalls entschwindet uns hierüber die halbe Lebenszeit, so meinte Karl Kraus in seinem Essay *Wozu Wahrheit?* Wer philosophisch lebt, arbeitet gegen dieses Geschwätz und diese Blindheit an, öffnet die Augen für größere Zusammenhänge.

So entfaltet sich ein neuer Blick auf das Denken, der nicht vom Elfenbeinturm aus blickt, sondern mitten im Alltag wurzelt. Wir erkennen, dass Philosophie kein komplizierter Luxus ist, sondern ein Werkzeug für mehr Klarheit, Tiefgang und Freiheit. Wir lernen, unsere Einstellungen, Werte und Ziele bewusster zu wählen, anstatt sie unbedacht aus dem Strom der Gewohnheiten zu fischen. Eine reflektierte Lebensführung ist dann kein abstraktes Ideal, sondern eine lebensnahe Haltung. Und die praktischen Tipps – von kurzen

Lesepausen über Notizen bis zu kleinen Momenten der Stille – zeigen, dass diese Lebenskunst kein Hexenwerk ist. Es ist vielmehr ein schrittweiser, wachsender Prozess, in dem wir stetig feinjustieren und lernen, mit allen Sinnen, mit dem ganzen Herzen zu denken.

Kapitel 10: Anhang

Das Politische entstehe im Zwischen der Menschen, so Arendt (Hannah Arendt, *Vita activa oder Vom tätigen Leben*) – Diese grundlegende Idee markiert bereits den Ton, in dem hier abschließend einige einflussreiche Denker/innen porträtiert, weiterführende Ressourcen genannt und ein Dank ausgesprochen werden soll. Es war stets das Anliegen der Philosophie, nicht nur abstrakte Systeme zu bauen, sondern auch konkrete Orientierungen zu bieten, Impulse für das eigene Nachdenken und Leben zu geben.

Kurzporträts einflussreicher Denker/innen

Die Geschichte der Philosophie ist ein endloser Strom an Stimmen, jede Epoche bringt eigene Fragestellungen, eigene Perspektiven hervor.

Von den vorsokratischen Anfängen bis hin zu den vielfältigen Debatten unserer Gegenwart reicht ein weiter Fächer an Ideen, Problemen und Methoden. Im Folgenden ein Streifzug durch die Zeiten, um einige markante Denkfiguren exemplarisch vorzustellen:

Antike

- **Heraklit (ca. 520–460 v. Chr.)**: Dieser vorsokratische Philosoph, bekannt als „der Dunkle", betonte das Werden und Fließen aller Dinge. „Die Sonne ist an jedem Tag neu." (Heraklit, Fragment 6) Mit solchen Worten zeigte Heraklit, dass nichts statisch ist, alles in Veränderung begriffen. Er lehrte, dass Wahrheit im ständigen Wandel liegt, dass wir die Welt nicht als festes Gebäude, sondern als dynamischen Prozess verstehen sollten.

- **Platon (427–347 v. Chr.)**: Schüler Sokrates', Begründer der Ideenlehre. Er errichtete in seinen Dialogen eine geistige Architektur, in der die „Ideen" als ewige Vorbilder gelten. „Der Anfang ist der wichtigste Teil der Arbeit." (Platon, *Gesetze*) Dies unterstreicht Platons Überzeugung, dass klare Grundlagen entscheidend sind, um gutes Denken und Handeln aufzubauen. Seine Dialoge kreisen um Gerechtigkeit, Tugend, Wahrheit und zeigen, dass philosophisches Fragen den Staat und das Individuum formen kann.

- **Aristoteles (384–322 v. Chr.)**: Schüler Platons, Lehrer Alexanders des Großen, ein Universalgenie. „Das Ganze ist mehr als die Summe seiner Teile." (Aristoteles, *Metaphysik*) Aristoteles brachte Ordnung in die Wissensgebiete, er beschäftigte sich mit Logik, Ethik, Natur, Politik. Sein Denken lehrt, dass wir die Welt systematisch begreifen können, ohne an lebendiger Vielfalt zu verlieren.

Mittelalter

- **Thomas von Aquin (1225–1274)**: Ein großer Synthesebauer, der christliche Theologie mit aristotelischem Denken verband. „Das Gute ist, was alle Wesen begehren." (Thomas von Aquin, *Summa Theologiae*) Er glaubte, dass Vernunft und Glaube keine Feinde, sondern Partner sind. Die Ordnung der Welt spiegelt für ihn eine göttliche Vernunft wider. Thomas zeigt, dass Philosophie und Theologie sich gegenseitig erhellen können, indem er metaphysische und moralische Fragen in ein kohärentes System flicht.

Frühe Neuzeit

- **René Descartes (1596–1650)**: „Ich denke, also bin ich." (Descartes, *Discours de la méthode*) Mit diesem berühmten Satz begründete er die neuzeitliche Philosophie. Das Ich, das zweifelt, wird zum unerschütterlichen Fundament aller Erkenntnis. Seine Methodik strebt nach klarer, eindeutiger Begründung des Wissens. Descartes lehrt, die Skepsis als Mittel zu nutzen, um Gewissheit von Schein zu trennen.

- **Baruch de Spinoza (1632–1677)**: Ein radikaler Denker der Rationalität. „Die Freiheit des Menschen besteht allein darin, dass er nach dem Gebote der Vernunft handelt." (Spinoza, *Ethik*) Spinoza sah Gott und Natur als Einheit und strebte nach einem Leben gemäß der Vernunft, frei von Aberglauben. Er zeigt, dass Glück und Freiheit in der Einsicht in die notwendige Ordnung der Welt liegen.

- **Gottfried Wilhelm Leibniz (1646–1716)**: „Diese ist die beste aller möglichen

Welten." (Leibniz, *Essais de Théodicée*)
Er entwickelte die Monadentheorie, sah
die Welt als sogenanntes harmonisches
Zusammenspiel von geistigen Substanzen. Sein Optimismus provoziert bis
heute: Wenn dies die beste aller Welten
ist, wie erklärt man Übel und Leid? Leibniz' Denken lehrt, mit Vernunft und Theodizee-Rätseln umzugehen.

Aufklärung

- **Voltaire (1694–1778)**: „Wenn es keinen
  Gott gäbe, müsste man ihn erfinden."
  (Voltaire, Briefwechsel) Ein scharfer
  Spötter, ein Verfechter der Toleranz, ein
  Kritiker von Fanatismus. Voltaire betonte
  kritisches Prüfen von Autoritäten, setzte
  auf Vernunft und Humanität. Sein Humor
  und sein Scharfsinn ermutigen, auch feste
  Überzeugungen neu anzusehen.

- **Jean-Jacques Rousseau (1712–1778)**:
  „Der Mensch ist frei geboren, und überall
  liegt er in Ketten." (Rousseau, *Vom Gesellschaftsvertrag*) Rousseau hinterfragt
  gesellschaftliche Zwänge, macht Freiheit
  und Gleichheit zu Leitsternen. Seine Philosophie schärft das Bewusstsein für die
  Künstlichkeit mancher Normen und für

das Potenzial, authentisch und naturnah zu leben.

Deutscher Idealismus und Romantik

- **Georg Wilhelm Friedrich Hegel (1770–1831)**: „Was vernünftig ist, das ist wirklich; und was wirklich ist, das ist vernünftig." (Hegel, *Rechtsphilosophie*) Mit diesem oft missverstandenen Satz versucht Hegel, die Rationalität der Geschichte sichtbar zu machen. Seine Dialektik inspiriert, Widersprüche als Motor der Entwicklung zu erkennen, anstatt sie zu verteufeln. Hegel zeigt, dass Denken nicht stillsteht, sondern sich entfaltet.

19. Jahrhundert

- **Søren Kierkegaard (1813–1855)**: „Das Leben kann nur rückwärts verstanden, aber vorwärts gelebt werden." (Kierkegaard, *Tagebuch*) Der dänische Einzelgänger der Existenzphilosophie rückt das Individuum in den Fokus, die innere Entscheidung, der Sprung zum Glauben oder zum authentischen Dasein. Kierkegaard sagt, dass wahrhaft leben bedeutet, das Risiko einzugehen, Entscheidungen zu treffen, trotz Unsicherheit.

- **Friedrich Nietzsche (1844–1900):** „Was mich nicht umbringt, macht mich stärker." (Nietzsche, *Götzen-Dämmerung*) Nietzsches Philosophie rüttelt an allen Sicherheiten. Er fordert auf, mündig zu sein, sich selbst Werte zu schaffen, statt sich an tradierte Moralvorstellungen zu klammern. Er provoziert, um Denkgewohnheiten aufzubrechen, das Leben als Wagnis zu begreifen.

20. Jahrhundert

- **Martin Heidegger (1889–1976):** „Die Sprache ist das Haus des Seins." (Heidegger, *Brief über den Humanismus*) Heidegger betont, dass unser Denken von Sprache, von historischer Verortung, von Zeitlichkeit geprägt ist. Er fordert, dass wir nicht bloß Techniker des Denkens sind, sondern lernen, das Dasein zu befragen, um seine Tiefen zu erschließen.

- **Jean-Paul Sartre (1905–1980):** „Der Mensch ist zur Freiheit verurteilt." (Sartre, *Das Sein und das Nichts*) Sein Existenzialismus unterstreicht: Wir sind keine vorgegebenen Wesen, wir müssen uns selbst entwerfen. Sartre macht Freiheit schmerzlich und groß zugleich, zeigt, dass wir Verantwortung für unser Handeln tragen, ohne auf endgültige Gewissheiten bauen zu können.

- **Simone de Beauvoir (1908–1986)**: „Eine Freiheit, die nichts bejaht, ist keine Freiheit." (Simone de Beauvoir, *Pyrrhus und Cineas*) Sie wendet existentialistisches Denken auf Fragen von Geschlecht und Gesellschaft an, verteidigt die Autonomie des Einzelnen und zeigt, wie wir durch unser Handeln Freiheit erst verwirklichen. Beauvoir macht klar, dass Philosophie kein Elfenbeinturm ist, sondern politisch, sozial, persönlich relevant.

Michel Foucault (1926–1984): war ein französischer Philosoph und Sozialtheoretiker (1926–1984). Er analysierte, wie Wissen und Macht miteinander verflochten sind und wie Diskurse bestimmen, was als wahr, normal oder sagbar gilt.

Macht verstand Foucault nicht als Besitz, sondern als Netz von Beziehungen, das überall wirkt. In Werken wie *Die Ordnung der Dinge* und *Überwachen und*

Strafen zeigte er, dass gesellschaftliche Ordnungen historisch entstehen und veränderbar sind.

Sein genealogischer Ansatz fragt, woher Begriffe kommen, wessen Interessen sie stützen und welche Ausschlüsse sie erzeugen. Ziel ist eine kritische Haltung gegenüber scheinbaren Selbstverständlichkeiten.

Dies ist nur ein Ausschnitt. Man könnte noch Simone Weil, Martha Nussbaum, Judith Butler, Jacques Derrida, Byung-Chul Han, Ludwig Wittgenstein, Hannah Arendt oder Donna Haraway anführen. Jede Epoche, jede Region hat ihre Stimmen.

Die Auswahl hier soll nur illustrieren, dass Philosophie eine polyphone Angelegenheit ist: verschiedene Melodien, Tonlagen, Tempi. Von der Antike bis heute finden wir kluge Begleiter, die uns lehren, die Welt nicht nur hinzunehmen, sondern zu durchdringen.

Wer sich auf diese Geschichte der Ideen einlässt, entdeckt, dass kein Problem so neu ist, dass nicht irgendwo eine Verwandtschaft früherer Debatten besteht. Philosophie ist ein gemeinsames Denken über Jahrhunderte hinweg. In diesen Kurzporträts steckt eine Einladung, sich mit einzelnen Denkern näher auseinanderzusetzen, ihre Bücher aufzuschlagen, ihre Konzepte zu prüfen und so die eigene Urteilskraft zu schulen.

Diese Reihenfolge – von der Antike bis ins 20. Jahrhundert – ist nur eine Linie. Heute diskutieren wir über KI, Klimakrise, Genderfragen, globale Gerechtigkeit; es lohnt, bei Arendt oder Beauvoir, bei Rousseau oder Nietzsche nach Inspiration zu suchen, weil ihre Gedanken Bausteine legen, an denen wir weiterbauen können. Philosophie ist kein starres Denkmal, sondern ein lebendiges Erbe, das wir stets neu interpretieren, erweitern und kritisch hinterfragen.

Weiterführende Ressourcen:

Bücher, Podcasts, Online-Kurse

Wer das Nachdenken vertiefen möchte, findet viele Einstiegspunkte:

- **Bücher**:

Die Quellenangaben sind ein hervorragender Fundus aus qualitativ hochwertigen Philosophie-Büchern.

- **Podcasts**:

Zahlreiche Formate bieten regelmäßige philosophische Gespräche. Ob öffentlich-rechtliche Podcasts, die aktuelle Themen beleuchten, oder unabhängige Projekte von Philosophie-Bloggern – hier kann man im Alltag, unterwegs oder beim Kochen Ideen aufnehmen. Viele setzen gezielt auf leicht verständliche Sprache, wodurch ein steter Strom von Impulsen bereitsteht.

- **Online-Kurse**:

Universitäten, Erwachsenenbildungseinrichtungen oder private Plattformen wie Coursera, edX oder Udemy bieten Kurse zu Philosophiegeschichte, Ethik, politischer Theorie oder Ästhetik an. Von Kurzvorlesungen bis hin zu umfangreichen Seminaren ist viel möglich. Die digitale Welt ist hier ein Segen: „Handeln bedeutet einen Anfang machen." (Hannah Arendt, *Vita activa oder Vom tätigen Leben*) – Warum nicht diesen Anfang mit einem kleinen Online-Kurs setzen, um etwa ethische Fragen der KI kennenzulernen oder die Grundzüge der antiken Philosophie zu verstehen?

Es geht nicht darum, alles zu verschlingen, sondern Schritt für Schritt herauszufinden, welche Themen, Epochen, Denker interessieren. Philosophie ist eine Schatzkammer, aus der man individuell wählen kann.

Danksagung

Zum Schluss ist es an der Zeit, Dank auszusprechen. Dank an Sie, die Leser, für Ihre Bereitschaft, sich auf diese Reise einzulassen. Die Philosophie lebt nicht in Museen, sondern in den Köpfen, Gesprächen und Erfahrungen derer, die fragen, zweifeln, kritisieren. Dank an die großen Geister der Vergangenheit und Gegenwart, die uns ihr Denken hinterlassen haben. Dank an die Möglichkeit, heute über Bücher, Podcasts, Online-Kurse, Gespräche fast überall Zugang zum philosophischen Diskurs zu finden. Jeder Gedanke, jede Frage, jede Anregung verdankt sich diesem offenen Austausch.

„Der Mut ist gut, doch Ausdauer ist besser." (Theodor Fontane, *Wanderungen durch die Mark Brandenburg*) – Dieser literarische Satz mag nicht direkt aus einem philosophischen Hauptwerk stammen, aber er passt hier, wo wir die Leser ermuntern wollen, im Denken nicht nachzulassen. Philosophische Neugier ist kein Sprint, sondern ein langer Weg. Ausdauer im Fragen, im Prüfen, im Erproben neuer Perspektiven – das ist der Schlüssel zu einem tieferen Verständnis von sich selbst und der Welt.

Möge dieses Buch kein Endpunkt, sondern ein Startsignal sein, eine Motivation, weiterzuforschen.

Möge das Lesen anderer Werke, das Hören von Debatten, das Nachspüren in Online-Kursen, das eigene Schreiben von Gedankennotizen ein Teil des Alltags werden. Wer an einer Stelle beginnt, wird bald weitere Fährten entdecken. Und wer einmal von der Philosophie berührt wurde, den lässt sie so leicht nicht mehr los.

Appendix 1: Wo der Geist erlischt – Ein philosophisches Plädoyer gegen TikTok (überarbeitet und erweitert)

Was geschieht mit dem Denken, wenn ihm pausenlos winzige Bildsplitter zugeschoben werden, wenn jede Wahrnehmung sofort durch eine neue verdrängt wird, noch bevor sie sich setzen konnte? TikTok, dieses hochbeschleunigte Kaleidoskop flüchtiger Sequenzen, operiert nicht bloß als Unterhaltungsmedium, sondern als Wahrnehmungsarchitektur, die das Innehalten systematisch entwertet. Bedeutung entsteht dort nicht durch Vertiefung, sondern durch sofortige Ersetzbarkeit. Der Reiz liegt im Augenblick, genauer: im folgenlosen Augenblick, der nichts verlangt und nichts zurücklässt.

Die Plattform trainiert ein Überspringen, ein ständiges Weitergleiten von Impuls zu Impuls, bei dem jede Prüfung, jedes Abwägen, jede begriffliche Verzögerung als Zumutung erscheint. Neu ist nicht das Gezeigte, sondern die Geschwindigkeit des Vergessens. Was sich als Vielfalt tarnt, ist in Wahrheit eine Monokultur der Flüchtigkeit: ein endloser Strom scheinbarer Neuerungen, deren Neuheitswert sich im Moment ihres Erscheinens bereits verbraucht.

Das strukturelle Kernproblem liegt tiefer. TikTok fixiert seine Nutzer in einer permanenten Gegenwart, in der jeder Clip genügen soll, um kurz zu amüsieren, zu schockieren oder zu affizieren. Gedächtnis wird überflüssig, Kontext störend, Substanz hinderlich. Montaignes Satz, die größte Sache der Welt sei es, sich selbst zu gehören, erhält hier eine neue Aktualität: Sich selbst zu gehören heißt, über die eigenen Reaktionen verfügen zu können, sich nicht von jedem Reiz forttragen zu lassen. TikTok hingegen formt ein Verhalten, das auf maximale Reaktionsgeschwindigkeit bei minimaler Selbststeuerung ausgelegt ist. Wir gehören uns selbst weniger, weil wir im Dauerstrom der Miniaturen die Fähigkeit verlieren, Wichtiges von Unwichtigem zu unterscheiden. Wo Philosophie zur Sammlung anhält, produziert TikTok einen Aktivismus des Augenblicks, frei von Besinnung.

Gerade angesichts komplexer Problemlagen — Klimakrise, soziale Ungleichheit, Identitätskonflikte, technologische Ambivalenzen — wäre ein Denken nötig, das langsamer, sorgfältiger, widerständiger gegen Vereinfachung operiert. Doch TikTok ist ein Medium, in dem Komplexität unter dem Ansturm der Effekte zerbricht. Statt argumentativer Auseinandersetzung entsteht eine Kakophonie, in der selbst das Kontroverse auf die Länge eines Lidschlags gestutzt wird. Tiefes Verstehen benötigt Zeit, die Bereitschaft zur Unklarheit, das Aushalten von Spannung. Wahrheit entsteht nicht aus Sekundenhäppchen; sie setzt Anstrengung voraus. Kafkas Bild vom Buch als Axt für das gefrorene Meer in uns beschreibt genau diese Zumutung. TikTok hingegen reicht schillernde Eissplitter, die nichts aufbrechen, sondern im Flachen zirkulieren lassen.

Philosophie ist nicht bloß eine Disziplin, sondern eine Haltung: die Bereitschaft, die Welt zu befragen, Zweifel auszuhalten, Perspektiven zu verschieben. TikTok arbeitet gegen diese Haltung. Es verdichtet Sinn zu Reizfragmenten, die kaum mehr als Reflexe auslösen. Wie soll ein Denken, das nach Kohärenz und Tiefe verlangt, in einer Umgebung gedeihen, die jeden Gedanken vorzeitig abbricht? Wer ernsthaft verstehen will, braucht Ruhe und geistige Ausdauer. In der rasenden Abfolge der Clips zerfällt jedoch jeder Versuch, ein Problem länger als einen Atemzug festzuhalten. Lernen, Verstehen, Zweifeln werden durch eine hyperaktive Erlebnisökonomie gestört. Wir gleiten über Oberflächen, ohne je den Grund zu berühren.

Byung-Chul Han beschreibt die Transparenzgesellschaft als eine Ordnung permanenter Sichtbarkeit und Selbstoptimierung. TikTok erscheint in diesem Licht als eine transparente Wand: Man sieht ständig Neues, ohne je etwas wirklich fassen zu können. Die Optimierung der Mediennutzung endet in perfektionierter Zerstreuung. Das philosophische Ideal der Differenzierung kollidiert mit einem Medium, das das Sehen selbst trivialisiert, indem es dem Beobachter keine Zeit lässt, bevor der nächste Reiz aufleuchtet.

Warum ist TikTok aus philosophischer Perspektive problematisch? Weil es eine Kultur der Flüchtigkeit stabilisiert, in der Werte, Argumente und Überlegungen kein Gewicht entfalten können. Philosophie will nicht den Informationsfluss stoppen, sondern die Fähigkeit fördern, Wesentliches vom Unwesentlichen zu scheiden. TikTok hingegen treibt den Unwesentlichkeitspegel in extreme Höhen. In einer Welt, die uns mit moralischen, politischen, ökologischen und technischen Herausforderungen konfrontiert, wirkt ein Medium, das systematisch verkürzt und vereinfacht, wie ein Hindernis für das Erwachen des Denkens. Es gleicht dem Versuch, ein Buch in einzelne Buchstaben zu zerlegen und daraus Verständnis zu erwarten.

Man mag einwenden, TikTok sei doch bloß Unterhaltung. Doch auch Unterhaltung formt Wahrnehmung, Gewohnheiten, Unterscheidungsfähigkeit. Nichts ist harmlos, was unsere Aufmerksamkeit strukturiert. Wer sich an den dauernden Strom visueller Kurzerlebnisse gewöhnt, verliert nicht abrupt seine Vernunft, aber er schwächt sie. Man lernt, schnell zu reagieren, jedoch nicht, tiefer zu verstehen. Der Verlust ist leise, aber real.

Kierkegaards Diagnose der Verzweiflung als Krankheit zum Tode zeigt, wie viel begriffliche Präzision und existenzielle Tiefe notwendig sind, um einen solchen Gedanken überhaupt zu erfassen. Jede philosophische Idee vergleichbarer Komplexität benötigt Raum. TikTok verweigert diesen Raum. Es ist ein Medium der Verkürzung, das geistig nicht nährt, sondern lediglich Appetit erzeugt.

All dies führt zu einer nüchternen Schlussfolgerung: Aus philosophischer Sicht spricht vieles dafür, TikTok nicht weiter als selbstverständliches Medium zu akzeptieren oder seinen Einfluss deutlich zu begrenzen. Nicht aus Kulturfeindlichkeit, sondern aus der Verteidigung einer konzentrierten Gegenwart. Ein Medium, das die Fähigkeit zur geduldigen Durchdringung systematisch untergräbt, widerspricht den Grundbedingungen philosophischen Lebens: Mündigkeit, Freiheit, Selbstverantwortung.

Dies ist kein Ruf nach Zensur, sondern nach Entscheidung. Wer philosophisch leben will, sollte Medien meiden, die Denkprozesse dauerhaft verkümmern lassen. TikTok ist kein neutraler Zeitvertreib, sondern ein Zerrspiegel, in dem Gedanken ihre Tiefe verlieren. Philosophie, die das Offene, Fragende und Langsame pflegt, steht quer zu einer Kultur permanenter Reizüberflutung. Wer sie ernst nimmt, erkennt in TikTok keinen bloßen Zeitdieb, sondern einen Beschleuniger des geistigen Oberflächenverkehrs.

Darum ist es folgerichtig, aus philosophischer Perspektive gegen die Zugänglichkeit von TikTok zu argumentieren — nicht als Verbot, sondern als klare Orientierung. Philosophie braucht Denkzeit, braucht den Mut zur Ungewissheit, braucht Tiefe. TikTok beschneidet diese Bedingungen systematisch. Für den, der nach Sinn,

Urteilskraft und geistiger Selbstständigkeit strebt, ist es daher keine Option.

Quellenverzeichnis

Kapitel 1 & 2

Adorno, Theodor W. (1951): *Minima Moralia. Reflexionen aus dem beschädigten Leben.* Frankfurt a. M.: Suhrkamp.

Adorno, Theodor W. (1966): *Negative Dialektik.* Frankfurt a. M.: Suhrkamp.

Arendt, Hannah (1958): *The Human Condition.* Chicago: University of Chicago Press (dt. *Vita activa oder Vom tätigen Leben*).

Arendt, Hannah (1961): *Between Past and Future.* New York: Viking Press.

Aristoteles (ca. 350 v. Chr.): *Metaphysik.* (Griechischer Originaltext, div. Ausgaben. Dt. Übers.: Metaphysik. Übers. v. Herman Bonitz, Leipzig 1849.)

Augustinus, Aurelius (um 400): *Confessiones.* (Lateinischer Originaltext, zahlreiche Ausgaben und Übersetzungen.)

Bachmann, Ingeborg (1959): *Frankfurter Vorlesungen. Probleme zeitgenössischer Dichtung.* (Früherer Hinweis in einem Entwurf, falls zitiert.)

Camus, Albert (1942): *Le Mythe de Sisyphe.* Paris: Gallimard.

Cioran, Emil M. (1940): *Le crépuscule des pensées.* Paris: Gallimard. (Falls aus dem Entwurf übernommen.)

Derrida, Jacques (1967): *De la grammatologie.* Paris: Les Éditions de Minuit.

Diogenes Laertius (3. Jh.): *Leben und Meinungen berühmter Philosophen.* (Griechischer Originaltext, div. Ausgaben.)

Epikur (ca. 300 v. Chr.): *Brief an Menoikeus.* (Griechischer Originaltext, div. Ausgaben.)

Foucault, Michel (1975): *Surveiller et punir. Naissance de la prison.* Paris: Gallimard.

Foucault, Michel (1976): *Histoire de la sexualité I: La volonté de savoir.* Paris: Gallimard.

Gadamer, Hans-Georg (1960): *Wahrheit und Methode.* Tübingen: Mohr.

Goya, Francisco (1799): *Los Caprichos.* Madrid.

Hayek, Friedrich August von (1960): *The Constitution of Liberty.* Chicago: University of Chicago Press.

Heidegger, Martin (1927): *Sein und Zeit.* Halle: Niemeyer.

Heraklit (um 500 v. Chr.): *Fragmente.* (Altgriechischer Originaltext, div. Ausgaben.)

Hobbes, Thomas (1651): *Leviathan.* London: Andrew Crooke.

Hölderlin, Friedrich (1803): „Patmos", in: *Friedensfeier* (Gedichtzyklus).

Kant, Immanuel (1784): „Beantwortung der Frage: Was ist Aufklärung?", in: *Berlinische Monatsschrift*, 4, S. 481–494.

Kant, Immanuel (1785): *Grundlegung zur Metaphysik der Sitten.* Riga: Hartknoch.

Kant, Immanuel (1788): *Kritik der praktischen Vernunft.* Riga: Hartknoch.

Kierkegaard, Søren (1843): *Entweder–Oder.* Kopenhagen: C.A. Reitzel.

Lacan, Jacques (1964): *Le Séminaire. Livre XI: Les quatre concepts fondamentaux de la psychanalyse.* Paris: Seuil.

Levinas, Emmanuel (1961): *Totalité et Infini. Essai sur l'extériorité.* La Haye: Martinus Nijhoff.

Marx, Karl (1845): „Thesen über Feuerbach", in: *MEW*, Bd. 3. Berlin: Dietz.

Marx, Karl (1867): *Das Kapital. Kritik der politischen Ökonomie.* Hamburg: Meissner.

Merleau-Ponty, Maurice (1945): *Phénoménologie de la perception.* Paris: Gallimard.

Montaigne, Michel de (1580): *Essais.* Bordeaux. (Zahlreiche Übersetzungen.)

Nietzsche, Friedrich (1883–1885): *Also sprach Zarathustra.* Chemnitz: Ernst Schmeitzner.

Nietzsche, Friedrich (1889): *Götzen-Dämmerung.* Leipzig: C. G. Naumann.

Ortega y Gasset, José (1930): *La rebelión de las masas.* Madrid: Revista de Occidente.
Orwell, George (1949): *1984.* London: Secker & Warburg.
Otto, Rudolf (1917): *Das Heilige. Über das Irrationale in der Idee des Göttlichen und sein Verhältnis zum Rationalen.* Breslau: Trewendt & Granier.
Pascal, Blaise (1670, posthum): *Pensées.* Paris. (Zahlreiche Ausgaben.)
Platon (ca. 380 v. Chr.): *Politeia.* (Griech. Original, div. Ausgaben.)
Platon: Apologie des Sokrates. (Griech. Original, div. Ausgaben.)
Rawls, John (1971): *A Theory of Justice.* Cambridge, Mass.: Harvard University Press.
Rousseau, Jean-Jacques (1762): *Du contrat social.* Amsterdam: Marc Michel Rey.
Sartre, Jean-Paul (1943): *L'Être et le Néant.* Paris: Gallimard.
Schiller, Friedrich (1795/96): *Über naive und sentimentalische Dichtung.* Leipzig: Göschen.
Schopenhauer, Arthur (1819): *Die Welt als Wille und Vorstellung.* Leipzig: Brockhaus.
Seneca, Lucius Annaeus (62–65 n. Chr.): *Epistulae Morales ad Lucilium.* (Latein. Original, div. Ausgaben.)
Simone Weil (1947): *La Pesanteur et la Grâce.* Paris: Plon.
Simone Weil (1949): *L'Enracinement.* Paris: Gallimard.
Spinoza, Baruch de (1677): *Ethica.* Amsterdam.
Tillich, Paul (1952): *The Courage to Be.* New Haven: Yale University Press.
Whitehead, Alfred North (1929): *Process and Reality.* New York: Macmillan.
Wilde, Oscar (1895): *The Importance of Being Earnest.* London: Leonard Smithers.
Wittgenstein, Ludwig (1922): *Tractatus logico-philosophicus.* London: Kegan Paul.

Kapitel 3 & 4:

Arendt, Hannah: *Vom Leben des Geistes.* München: Piper, 1979.
Gadamer, Hans-Georg: *Wahrheit und Methode.* Tübingen: Mohr, 1960.
Jaspers, Karl: *Philosophie.* Berlin: Springer, 1932.
Ricoeur, Paul: *Das Selbst als ein Anderer.* München: Wilhelm Fink, 1996.
Weil, Simone: *Warten auf Gott.* Heidelberg: Lambert Schneider, 1950.
Anders, Günther: *Die Antiquiertheit des Menschen I.* München: C.H. Beck, 1956.
Agamben, Giorgio: *Homo Sacer. Die souveräne Macht und das nackte Leben.* Berlin: Suhrkamp, 2002 [ital. Orig. 1995].
Baudrillard, Jean: *La société de consommation. Ses mythes, ses structures.* Paris: Denoël, 1970.
Bauman, Zygmunt: *Liquid Modernity.* Cambridge: Polity Press, 2000.
Domin, Hilde: „Nicht müde werden". In: *Nur eine Rose als Stütze.* Frankfurt am Main: Fischer Taschenbuch, 1959.
Han, Byung-Chul: *Müdigkeitsgesellschaft.* Berlin: Matthes & Seitz, 2010.
Han, Byung-Chul: *Im Schwarm. Ansichten des Digitalen.* Berlin: Matthes & Seitz, 2013.
Illich, Ivan: *Tools for Conviviality.* New York: Harper & Row, 1973.
Jonas, Hans: *Das Prinzip Verantwortung. Versuch einer Ethik für die technologische Zivilisation.* Frankfurt am Main: Suhrkamp, 1979.
Lévinas, Emmanuel: *Totalité et Infini. Essai sur l'extériorité.* La Haye: Martinus Nijhoff, 1961.
Rosa, Hartmut: *Resonanz. Eine Soziologie der Weltbeziehung.* Berlin: Suhrkamp, 2016.
Stiegler, Bernard: *La société automatique.* Paris: Fayard, 2015.
Weil, Simone: *Warten auf Gott.* Heidelberg: Lambert Schneider, 1950.

Kapitel 5 & 6:

Einstein, Albert: *Mein Weltbild.* Übersetzt von Sonja Specht. Ullstein, Berlin 1986.

Feyerabend, Paul: *Wider den Methodenzwang. Skizze einer anarchistischen Erkenntnistheorie.* Suhrkamp, Frankfurt am Main 1976. (Original: *Against Method*, London 1975)

Foucault, Michel: *Der Wille zum Wissen. Sexualität und Wahrheit Bd. 1.* Suhrkamp, Frankfurt am Main 1977. (Original: *Histoire de la sexualité I: La volonté de savoir*, Paris 1976)

Heidegger, Martin: *Was heißt Denken?* Niemeyer, Tübingen 1954.

Heisenberg, Werner: *Physik und Philosophie.* Übersetzt von Carl-Friedrich von Weizsäcker. Hirzel, Stuttgart 1959. (Original: *Physics and Philosophy*, New York 1958)

Kuhn, Thomas S.: *Die Struktur wissenschaftlicher Revolutionen.* Übersetzt von Hans-Dieter Bahr. Suhrkamp, Frankfurt am Main 1973. (Original: *The Structure of Scientific Revolutions*, Chicago 1962)

Mill, John Stuart: *Über die Freiheit.* Übersetzt von Walter Eckstein. Reclam, Stuttgart 1976. (Original: *On Liberty*, London 1859)

Popper, Karl R.: *Die offene Gesellschaft und ihre Feinde.* 2 Bde., Francke, Bern 1957. (Original: *The Open Society and Its Enemies*, London 1945)

Popper, Karl R.: *Vermutungen und Widerlegungen: Das Wachstum der wissenschaftlichen Erkenntnis.* Übersetzt von Hans-Joachim Dahms. Mohr Siebeck, Tübingen 1994. (Original: *Conjectures and Refutations*, London 1963)

Sartre, Jean-Paul: *Das Sein und das Nichts. Versuch einer phänomenologischen Ontologie.* Übersetzt von Hans Schöneberg. Rowohlt, Reinbek 1993. (Original: *L'Être et le Néant*, Paris 1943)

Shaw, George Bernard: *Zurück zu Methusalem.* Übersetzt von Siegfried Trebitsch. S. Fischer, Berlin 1923. (Original: *Back to Methuselah*, London 1921)

Simone Weil: *Schwerkraft und Gnade.* Übersetzt von Gustaf Adolf Benrath. Insel, Frankfurt am Main 1980. (Original: *La pesanteur et la grâce*, Paris 1947)

Whitehead, Alfred North: *Wissenschaft und die moderne Welt.* Übersetzt von Friedrich Küsthardt. Meiner, Hamburg 1990. (Original: *Science and the Modern World*, New York 1925)

Kapitel 7 & 8:

Adorno, T. W.: *Minima Moralia. Reflexionen aus dem beschädigten Leben.* Frankfurt am Main: Suhrkamp 1951.

Aristoteles: *Metaphysik.* Übers. von H. Bonitz. Stuttgart: Reclam 1994.

Benjamin, W.: *Das Kunstwerk im Zeitalter seiner technischen Reproduzierbarkeit.* Frankfurt am Main: Suhrkamp 1963.

Goethe, J. W. v.: *Maximen und Reflexionen.* In: Goethes Werke, Hamburger Ausgabe, Bd. 12, hrsg. von E. Trunz. München: C.H. Beck 1981.

Hesse, H.: *Briefe und Essays zur Weltliteratur.* Frankfurt am Main: Suhrkamp o. J.

Jonas, H.: *Das Prinzip Verantwortung. Versuch einer Ethik für die technologische Zivilisation.* Frankfurt am Main: Suhrkamp 1979.

Kant, I.: *Beantwortung der Frage: Was ist Aufklärung?* In: Kants Werke, Akademie-Ausgabe, Bd. VIII. Berlin: Preußische Akademie der Wissenschaften 1977.

Kant, I.: *Grundlegung zur Metaphysik der Sitten.* Stuttgart: Reclam 1984.

Klee, P.: Pädagogisches Skizzenbuch. In: *Über die moderne Kunst.* Zürich: Diogenes 1965.

Marx, K., & Engels, F.: *Thesen über Feuerbach.* In: Marx-Engels-Werke, Bd. 3. Berlin: Dietz 1969.

Mill, J. S.: *Der Utilitarismus.* Stuttgart: Reclam 1976.

Nietzsche, F.: *Götzen-Dämmerung.* In: Kritische Studienausgabe, hrsg. von G. Colli und M. Montinari. München/Berlin: dtv/de Gruyter 1988.

Platon: *Apologie des Sokrates.* Stuttgart: Reclam 1994.

Rilke, R. M.: *Duineser Elegien.* Frankfurt am Main: Insel 1974.

Wittgenstein, L.: *Philosophische Untersuchungen.* Werkausgabe Bd. 1. Frankfurt am Main: Suhrkamp 1984.

Wittgenstein, L.: *Tractatus logico-philosophicus.* Werkausgabe Bd. 1. Frankfurt am Main: Suhrkamp 1989.

Kapitel 9:

Eckhart, M.: *Deutsche Predigten und Traktate.* München: Hanser 1985.

Epiktet: *Handbüchlein der Moral (Encheiridion).* Stuttgart: Reclam 1987.

Marcus Aurelius: *Selbstbetrachtungen.* Stuttgart: Reclam 1993.

Montaigne, M. de: *Essais.* Frankfurt am Main: Insel 1987.

Platon: *Apologie des Sokrates.* Stuttgart: Reclam 1994.

Schopenhauer, A.: *Aphorismen zur Lebensweisheit.* Stuttgart: Reclam 1976.

Seneca, L. A.: *Von der Kürze des Lebens.* Stuttgart: Reclam 1974.

Über den Autor:

PASCAL DEBRA, 1978 in Luxemburg geboren, studierte Philosophie (speziell wissenschaftstheoretische Ansätze), Literaturwissenschaften und Linguistik an der Universität Trier und erwarb dort den Magister Artium Abschluss in diesen Bereichen.

Abb. 1 (c) Privatarchiv Debra

Beschäftigt sich mit der Vielfalt von Weltanschauungen, philosophischen Konzepten, der Künstlichen Intelligenz und der Popkultur.

Lehrer für Philosophie, Ethik und deutsche Literaturwissenschaften, Unterrichtet in einer International School in Luxemburg.

Facebook: Pascal Debra

Instagram: 1pascaldebra1

Weitere Schriften:

Das kleine Handbuch des Grüntees -Heilwirkung und Kultur aus den Gärten der Welt.(2007) 8. Auflage 2017

Die Anfänge der Philosophie -Kosmologie, Astronomie, Menschsein (2010)

Von Shiva, Saris und Bollywood -Eine Reise durch die Seele Südindiens (2011) 3. Auflage 2017

Philosophie in Woody Allens Filmen: Vom Existentialismus zum Dekonstruktivismus Neue Auflage 2021 (Original 2014)

Kafka und Ich. Philosophische Notizen und Tagebucheinträge. 1. Auflage 2019

South India Photography. 2. Auflage 2020

Digital Detox. Warum digitaler Minimalismus notwendig ist. 1. Auflage 2020

Shortcuts & Spotlights. Essays über die Dinge der Welt. 1. Auflage 2023

Shortcuts & Spotlights II. Weitere Essays über die Dinge der Welt. 1. Auflage 2024

Eine kurze philosophische Abhandlung über MAD MEN. 1. Auflage 2025

Moby – Der Mann, der in Loops träumte. Eine Art Biografie. 1. Auflage 2025.